ごあいさつ

ハイサイ！おまたせしました。3巻できました。

世の中は目まぐるしく変化しています。何だか不安になります。そんな時は歴史に学びましょう。これまで、人類はたくさんの困難を乗り越えてきました。乗りこえたから今があります。歴史に学び、気持ちだけは負けないようにと。さて、今回の歴男塾は玉城《たまぐすく》朝薫《ちょうくん》の人生からスタートします。芸能家として有名ですが、王府作成の家譜という家系図から、意外なことが浮かび上がります。

朝薫の家譜です。知られるスターの苦悩が…
「玉城朝薫家譜」（那覇市歴史博物館提供）

玉城朝薫 生誕の地

まずやってきたのは、朝薫生誕の地。首里城から徒歩10分。1684年夏の暑い日、裕福な玉城家の跡取りとしてこの地に生まれました…ところが、なんと、生まれてすぐにお父さんとお母さんが離縁してしまいます。そして**お父さんに育てられます。**朝薫はお母さんの愛情を知りません。玉城朝薫の組踊作品は、お母さんがよく登場します。彼は母親の愛情を知ら…そう考えると、組踊が違って見えてきますね。

これぞ劇聖生誕の記念碑。

さらに…朝薫４歳。父である玉城朝致が急死。祖父玉城朝恩によって育てられる…さらにさらに、**朝薫８歳の時、**朝恩爺ちゃんも亡くなる。**朝薫ひとりぼっち。**そのまま玉城（現在の南城市玉城）の領地を相続し、裕福であるけど、孤独になってしまいます。朝恩爺ちゃんは芸能もできる人なので、朝薫はすでに手ほどきを受けていたことでしょう。

塾長の後ろに湧き水があります。おそらく朝薫も使ってます。

外交官として江戸へ

朝薫は12歳で役人見習いとして、首里城勤めになります。そして**19歳の時、結婚。**4男4女の子宝に恵まれます。20代は外交官として大活躍。そうそう、外交官時代の朝薫の絵が残されています。**玉城朝薫が唯一絵として確認できる**貴重なもので、江戸に向かう姿です。ちなみに朝薫は王族からも人気があって、この時代に芸能用の衣装をプレゼントされたりしていて、芸能家としても人気があったんですねぇ。

スクープ！朝薫21歳の頃と考えられます。
『琉球中山王両使者登城行列』［一部］国立公文書館所蔵

プロデューサーの手腕

34歳の頃、那覇港の大工事の現場責任者となる。もちろん翌年に行われる中国からの使者、冊封使を迎えるためですね。大きな船が入れるように整備した。ここが玉城朝薫の真骨頂と思うのです。お金もかかるが、たくさんの人も指揮しなければならない。残された時間はたったの１年…**なにしろ国としての威信もかかっている**のです。いつまでにどれくらいの人数でどの規模を完成させる。これは舞台も同じ。芸能家でありながら、今でいうプロデューサーとしての才能も発揮されたのでした。

那覇港

船が入ってい来るところ朝薫が携わった那覇港なう！

突如歴史から消えた天才

芸能家にして官僚。誰もが認める玉城朝薫は、1719年に組踊を成功させ、大絶賛を受ける。そして41歳の時（1725年）、ついに御物奉行に就任。この役職は**三司官（大臣）候補**としてのレールに乗ったってことですね。さらに自分の領地である玉城が不作となると、備えていたお米を出して王府に褒賞されるなんてことも記録に残っていて、農民を大切にする優しい心もうかがえます…ところが、**人生の歯車は大きく変わります**。家族にも恵まれていた朝薫でしたが、なぜか四女が誕生したのを機に、長年連れ添った真加戸さんと**離縁**してしまいます。自分の娘ほど離れた女性、武樽さんと**再婚**。44歳で薩摩へ旅役として派遣されますが、ここで朝薫の役人としての記録は、突如終わってしまいます。三司官どころか**転落**といってもいいでしょう。

1719年組踊を初めて見た冊封使、
徐葆光にコスプレするヒトッチ先生

天才のその後

なんてことでしょう！一寸先は闇。**想像もつかない方向に舵を切ります。**まさに**次世代の三司官として期待**されていたはずです。いったいナゼ？これが…わからないのです。新しい妻のいる大里間切与那原村（現在の与那原町）で晩年を過ごし、1734年、五十歳の人生を閉じました。本人の遺言により「一人墓(あるいは一ツ墓)」に入ったということです。なんと彼は**最後もひとり**なのです。

首里石嶺にあった通称「一人墓」朝薫が死後、ひとりで眠っていました。
『写真集 懐かしき沖縄』（琉球新報社刊）より

朝薫がいた!

1988年彼は再び歴史に登場します。朝薫以外の人が眠っているお墓（浦添市前田）に**発掘調査**が入りました。なんと一人墓ではなく、子孫の方々と一緒に葬られていました。「玉城親方朝薫」骨壺に墨字でしっかりと明記されていました。しかし、明治になってから浦添に移されたようです。**やっぱり一人**だった。しかも洗骨されたのは死後71年後。忘れられたかのように…。それでも彼の残した功績は大きく、世替わりを経て、一族のもとに。そして時代を経て、ユネスコ無形文化遺産として**世界中から注目**される芸能にまでなりました。もっと書きたいけれど続きはどこかで。

劇聖の墓でウートートゥしてきました。

さきがけ！歴男《レキオ》塾 ③

トキメキとぅんたっちーの巻

賀数《かかず》 仁然《ひとさ》 著《ちょ》

沖縄タイムス社

さきがけ！ 歴男塾③ ◎ もくじ

本書《ほんしょ》は「沖縄《おきなわ》タイムス」の子《こ》ども新聞《しんぶん》「ワラビー」創刊《そうかん》から連載《れんさい》が続《つづ》いている「さきがけ！　歴男《レキオ》塾《じゅく》」の２０１４年９月14日～16年４月24日付（連載第176～258回）をまとめたものである。

イイじゃない！㊤

ハイサイ！　塾長《じゅくちょう》のヒトッチだ。琉球《りゅうきゅう》王国は、たくさんの留学生《りゅうがくせい》を海外に送り込《こ》んでいたよ。海外で学び、帰国したら、学んだ文物《ぶんぶつ》を国内で活用したり、広めたりするためだ。小さい国である琉球は、人材育成も重要な課題だったんだね。留学先は、中国の最高学府である国子監《こくしかん》という学校だ。

留学には官生《かんしょう》（費用を国が負担《ふたん》）と勤学《きんがく》（費用は自己《じこ》負担）という2種類があった。1565年、官生の試験に合格《ごうかく》した4人が乗った船が、那覇《なは》から中国へ向かっていた。この中にいたのがわずか16歳《さい》の青年、後に三司官《さんしかん》（琉球王国の大臣）になる謝《じゃ》名親方利山《なうぇーかたりざん》。優秀《ゆうしゅう》な謝名は、久米村《くにんだ》（現在《げんざい》の那覇市久米《くめ》）の出身。当時、三司官になれるのは首里の家柄《いえがら》だった。謝名は久米村出身者で初めて三司官となる。これって奇跡《きせき》！

順調に見えた謝名親方だけど、三司官になって、国難《こくなん》に巻《ま》き込まれてしまうんだ。

1609年、徳川家康《とくがわいえやす》の命《めい》を受けて、薩摩島津軍《さつましまづぐん》3千人が琉球を攻《せ》めてきた。奄美《あまみ》を攻め落とした島津軍は、沖縄本島《おきなわほんとう》北部に上陸。今帰仁《なきじん》グスクが奪《うば》われた。その後、那《な》覇《は》港《こう》に向かったという情報《じょうほう》をキャッチ。謝名親方が率《ひき》いる琉球精鋭《せいえい》部隊が那覇で奮《ふん》闘《とう》する。しかし、島津軍は二手《ふたて》に分かれていて、別の部隊が読谷から上陸して、琉球は裏《うら》を突《つ》かれた。これで琉球は敗戦国となった。

大ピンチ琉球。どうする謝名親方！　どうなる琉球王国！　あ、もう書けない！

ヒトッチもピンチ！　続きは来週。

塾長のシ～ブン

まさに謝名親方は神童といってもよかった。官生は本文にある通り4名に限定される。勤学は8名。それでも狭き門だけど、官生が、琉球王国時代をとおして126人であるのに対し、勤学は1200人あまり。というのも、官生による留学派遣は、冊封あった年だけ派遣できる決まりだった。実力とその時代の運次第ってところもあったのだ。

イイじゃない！㊦

琉球《りゅうきゅう》王国は1609年に徳川家康《とくがわいえやす》の命《めい》を受けた薩摩島津軍《さつましまづぐん》（現在《げんざい》の鹿児島県《かごしまけん》）に攻《せ》められ、敗戦した。そして、与論島《よろんとう》から北は、薩摩の領土《りょうど》となった。今でも言葉や文化は沖縄に近いけど、行政的《ぎょうせい》には鹿児島県だよね。この約400年前の事件がきっかけだったんだ。

敗戦国の琉球は、領土のほかにも、仕上世《しのぼせ》といわれる税《ぜい》などいろいろと押《お》し付けられて、この条件《じょうけん》に「子孫の代まで従《したが》います」という起請文《きしょうもん》（約束の文書）にサインさせられることになった。琉球のリーダーたちは、覚悟《かくご》したように、起請文にサインをした。この時期に国王が人質《ひとじち》になっていて、このまま拒《こば》むと、琉球に帰国すらできないと判断《はんだん》したからだ。

三司官《さんしかん》という3人の大臣がいたが、最後までサインを拒《こば》んだのが、先週紹介《しょうかい》した久米村《くにんだ》出身の謝名親方利山《じゃなうぇーかたりざん》だ。謝名親方は、身長180センチ以上もある大男。負けはしたが、簡単《かんたん》には屈《くっ》しない強い心を持った人だったんだ。

謝名親方は、囚《とら》われの身でありながら、時間を稼《かせ》ぎつつ、中国に琉球を救出してもらおうと、裏《うら》で密使《みっし》を送り込《こ》もうとしたり、動いていた。結局この抵抗《ていこう》は、バレてしまったけど。後の記録では、「邪名《じゃな》」という字が使われて、謝名親方一人に国難《こくなん》の責任《せきにん》をなすりつける動きまで見られた。

結局、謝名親方は処刑《しょけい》されてしまうけれども、琉球のことを思い、最後まで自分の信念を貫《つらぬ》いたってこと。チューバーやさ！

塾長のシ〜ブン

敗戦の代償は決して小さくはなかった。与論島以北〜奄美諸島までは、薩摩に割譲された。今でもそこは沖縄に近い言葉や文化だけど、鹿児島県だよね。また、起請文には「永く薩州（薩摩）の君（殿様）に対し毛頭おろそかには致すまじ、子々孫々に到るまで（子孫までも）この誓約にそむくまじ」と、未来永劫誓うことを強要されたのだった。

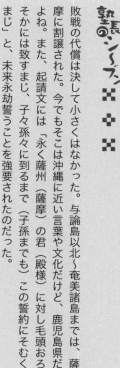

こうしてあうして㊤

世界で最も人口が多い国は？　…中国だね。13億人《おくにん》以上もの人が暮《く》らしている。ではその中国の歴史の中で最も有名な人は？と聞かれたらどう答える？だれだろう…。ヒトッチは孔子《こうし》と答えるな。２千年以上も前の人で、儒教《じゅきょう》という教えを広めた人だ。人として生きる道や、生活ルール、リーダーとしての心得《こころえ》とか、いろいろなことが含まれる。

琉球《りゅうきゅう》王国時代、首里城《しゅりじょう》に勤《つと》める役人になる試験の問題は儒教から出題された。だから、役人を目指すものは、儒教の書かれた本（四書五経《ししょごきょう》という）を勉強していたんだな。

儒教を学ぶのは何も琉球だけではなかったよ。日本（当時は別の国）でも、熱心

に学ぶ人々も少なくなかった。儒教を学ぶ学校には、孔子をまつった建物「孔子廟《こうしびょう》」があるが、日本で一番古い学校、足利《あしかが》学校（栃木県足利市《とちぎけんあしかがし》）には１６０８年に孔子廟が作られていた。

琉球でも少し遅《おく》れて、１６７４年に作られたんだよ。場所は、現在《げんざい》の旭橋駅《あさひばしえき》近くの那覇《なは》商工会議所あたりだ。国道58号沿《ぞ》い、泉崎《いずみさき》交差点近くで、大きな孔子の像《ぞう》が立っている場所といえばわかりやすいだろうか。そうなんだ。どうしてあの場所に孔子が立っているかというと、あそこに孔子廟と学校があったからなんだ。

その孔子の誕生日《たんじょうび》が9月28日なんだ。誕生から2千年以上たった今でも、釋奠《せきてん》というお祭りがあるよ。久米《くめ》にリニューアルされた孔子廟で催《もよお》されているよ。

こうしてああして㊥

２５００年前の中国の人、孔子《こうし》が広めた教え、儒教《じゅきょう》。それは、現代《げんだい》でも諸君《しょくん》の周りにたくさんあるんだよ。むしろ、「これも儒教から？」なんてことが、普通《ふつう》にあって、気づかないいくらいだよ。

ん〜と、じゃあ、まずヒトッチの名前。ヒトッチの本名は「仁然《ひとさ》」なんだけど、これも儒教から。孔子の教えを書いた本『論語《ろんご》』によく出てくるのが「仁《じん》」という言葉。「思いやりの心」という意味なんだけど、優《すぐ》れた人物には、仁の心が備《そな》わっているものだと。

孔子は弟子たちに学問一辺倒《いっぺんとう》ではなく、思いやりの大切さを教え、人間として優れた人を育てようと弟子たちを指導《しどう》していたんだ。

孔子が弟子たちに話した言葉には、「巧言令色《こうげんれいしょく》、鮮《すくな》し仁《じん》」「剛毅木訥《ごうきぼくとつ》、仁《じん》に近《ちか》し」

があるけれど、最初のものは「言葉づかいは上手で、笑顔もいいが、そういう人に限《かぎ》って仁がない」という意味。もう一つは「おしゃべりが苦手で自分をうまく表現できないけど、仁の心に近い行動をする人がいる」という意味。うわべだけ上手な人よりも、口下手でも優《やさ》しい心を持った人が素敵《すてき》なんだ、君子《くんし》というものはそうあるべきなんだと。

　琉球《りゅうきゅう》の学生たちも、こういった『論語』に書いてあることを学んでいたんだよ。首里城《しゅりじょう》に勤《つと》めるための試験は、『論語』からも出るからね。孔子の教えは、現代の僕《ぼく》らでも何かうなずけるよね。あ、ヒトッチに仁の心があるかどうかは別だけど。

こうしてあして㊦

孔子《こうし》は、人を思いやる心「仁《じん》」が大事だよ～と言っていたよね。そして、仁の心を態度《たいど》や行動で表すことを「礼《れい》」として、これも重要としたよ。考えるだけでなくて行動で表すことだね。簡単《かんたん》に言うと「思いやりの心で、礼儀《れいぎ》正しく生きましょう」ってこと。

当たり前？　そ～なんだ。当たり前すぎるくらい僕《ぼく》らの生活に入り込《こ》んでいるのが、孔子の教えなんだ。「目上の人を敬《うやま》い、ちゃんとあいさつする」とか、人として当たり前じゃね？って諸君《しょくん》が思う感覚や習慣《しゅうかん》、それはまさに孔子によってつくり出されたものなんだよ。

孔子の教えは、琉球《りゅうきゅう》だけでなく、日本、中国、韓国《かんこく》など、アジア全体の文化的基《き》盤《ばん》ともいえるね。琉球はそのど真ん中に位置していて、思いっきり孔子の教え「儒《じゅ》教《きょう》」を取り入れた。

突然《とつぜん》だけど、2千円札の絵柄《えがら》になっている沖縄《おきなわ》の門があるでしょ。守礼門《しゅれいもん》だね。琉球王国は、「礼」を守る（大切にする）国ってことを言っているわけだ。

　また、琉球は芸能《げいのう》の国でもあるけど、孔子はこれを「楽《がく》」とよんで、「礼」とセットで「礼楽《れいがく》」として、大事にしなさいと説いた。礼で行《おこな》いをつつしみながらも、音楽や芸能、芸術《げいじゅつ》や教養で人の心をやわらげなさい、そうすれば人の道はうまく開け、みんながうまくいけば、世の中もうまくいくだろうよ…ってね。琉球は個人《こじん》だけでなく、国レベルで実践《じっせん》していたんだね。

南苑《なんえん》のほとりで①

お休みの日は、何して遊ぼうかな…ヒトッチが琉球《りゅうきゅう》の国王ならば、迷《まよ》わずお供《とも》を引き連れて、識名園《しきなえん》に行くね。現在《げんざい》、識名園は世界遺産《せかいいさん》として登録されている。ココは1799年に建てられた、王家《おうけ》の別邸《べってい》なんだ。

識名園は別名「南苑《なんえん》」という。首里城《しゅりじょう》から見て南にあるからだね。識名園は尚温《しょうおん》王《おう》がつくらせたものだけど、尚温王の即位《そくい》を祝賀《しゅくが》する冊封使《さっぷうし》（中国からのお客さま）をもてなすための庭園が自慢《じまん》。いろいろな植物が栽培《さいばい》されていて、一年中違《ちが》う景色が楽しめる庭だ。冊封使が来ていない時は、国王が余暇《よか》を楽しんだ場所だ。沖縄戦《おきなわせん》でボロボロにされたけど、戦後尚家《しょうけ》（旧《きゅう》王家）によって整備《せいび》が進められて、今の姿《すがた》がある。修復費《しゅうふくひ》なんと8億円！

ところで、識名園の建物内にある台所近くには御《お》茶《ちゃ》湯《ゆ》御《お》酒《さけ》羹所《あつものどころ》という場所がある。国王に出すお食事を温め直す場所だ。台所からアツアツのまま直接出せばいいじゃないかと思うでしょ。ところが、国王に出す食事は、3回もチェックする決まりだった。これは食事に毒を盛《も》られて、暗殺されることを防《ふせ》ぐ意味があった。国で一番重要な人でもあるから、命を狙《ねら》われる危険性《きけんせい》があるんだね。厳重《げんじゅう》に3回もチェックしているとどうしても、冷めてしまう。それを温め直す所ってこと。この場所のもう一つ面白いのは、お酒＝泡盛《あわもり》も温めていたことだね。冬になると熱燗《あつかん》にしていたんだって。

南苑《なんえん》のほとりで②

南苑《なんえん》こと、識名園《しきなえん》のお話。園の中に入り、しばらく歩くと、右手に今では使用されていない二つの門が見えてくる。一つ目が管理人などのスタッフの通用口《つうようぐち》。もう少し行くと、さっきより立派《りっぱ》な門が見えてくる。これが正門だ。国王はここから園内に入るんだ。

ところで、王様はどうやって識名園に行ってたんだろう？　はい、「輿《こし》」という乗り物に乗っていたよ。「おみこし」って見たことあるかな？　あんな感じで、家来4人が王様を乗せて担《かつ》いでいた。ほかにも、先導《せんどう》する者や、ラッパを吹《ふ》く者などで行列を作って首里城《しゅりじょう》から向かったんだ。識名園には輿を置いておく所、駕籠《かご》屋という場所がある。そこは担いできた家来《けらい》たちも休める場所もあるよ。

ついでに、首里城からのルートを説明しちゃおう。王国時代の町並《まちな》みが残されている金城町《きんじょうちょう》の石畳《いしだたみ》ってあるでしょ。そこの一部が王様の輿が通る道だよ。石畳を下りると識名坂《しきなびら》という急な上り坂になるよね。王様はいいけど、家来は下りたり上ったりで大変。だから首里城から近い島添坂《しましーびら》は傾斜《けいしゃ》がきつすぎるということで、通らなかったんだ。また途中《とちゅう》には、華《か》茶苑《ちゃえん》という休憩《きゅうけい》する場所もあった。

さて、ようやく識名園に着くと先ほどの正門から入る。この時、絶妙《ぜつみょう》なタイミングで扉《とびら》が開き、また閉《し》まる。正門には合図を出す人と、開け閉めする担当《たんとう》がいたんだ。王様、識名園は自動ドアと思ってたハズね(笑)。

南苑《なんえん》のほとりで③

識名園《しきなえん》という名前は、明治期になってからの名前だ。今では世界遺産《せかいいさん》として登録されていて、こっちで有名だけど、王国時代は「南苑《なんえん》」あるいは「識名御殿《しちなうどぅん》」の方が一般的《いっぱんてき》な呼《よ》び方だったんだ。

識名園には、育徳泉《いくとくせん》という有名な泉《いずみ》がある。泉の名前は1800年に清国《しんこく》（現在の中国）からやってきた使者《ししゃ》、趙文楷《ちょうぶんかい》という人が名づけた。この時の国王は、まだ18歳《さい》の尚温王《しょうおんおう》。若《わか》くして即位《そくい》した国王を励《はげ》ますような内容《ないよう》の石碑《せきひ》が建てられているよ。

この石碑、「徳」の文字と碑《ひ》の左上が欠けている。これね、沖縄戦《おきなわせん》でうけた傷《きず》。砲弾《ほうだん》の痕《あと》だ。とても痛々《いたいた》しいね。泉からは今でもきれいな水が、コンコンと湧《わ》き出ていて、識名園の池の水源《すいげん》になっている。

そして、この水の清らかさをしめすように、シマチスジノリという藻《も》の仲間が自生《じせい》している。昔は沖縄県内いたるところにあって、食用とされていたようだけど、今は識名園と、今帰仁村《なきじんそん》の天底《あめそこ》にしか見られない貴重《きちょう》な藻。はい、シマチスジノリは、現在《げんざい》、国の天然記念物に指定されている。

ところが、最近、南城市《なんじょうし》でも見つかった！　発見したのが、なんと中学の1年生。これは大発見だ！　親慶原大川《おやけばるうふかー》が生息場所として確認《かくにん》されたんだよ。発見した子は、歴男塾《れきおじゅく》もよく読んでいるってよ。同じものかどうか識名園に見に行ったんだってさ。理科の大発見と歴史が結びついたね。もしかしたら君の家の近くにも…。

南苑《なんえん》のほとりで④

識名園《しきなえん》には大きな池があって、真ん中に二つの石橋がかかっている。二つとも琉球石灰岩《りゅうきゅうせっかいがん》から作られているけど、一つは直線的に加工されていて、もう一つはボコボコの岩肌《いわはだ》がそのまんま使われている。というよりも、ボコボコ石を選んで使っているようだ。

中国には太湖石《たいこせき》という縁起《えんぎ》がいいとされる石がある。同じ石灰岩だけど、太湖という湖で採《と》れる石。ボコボコ穴《あな》が開いていて、穴が多ければ多いほど縁起がいいとされる。この穴に良い運気がたまり、庭石《にわいし》として飾《かざ》っておくと、その家にいいことが起きると信じられている。

ボコボコ穴は気の遠くなるような時間をかけて、水の流れによって削《けず》られた自然の

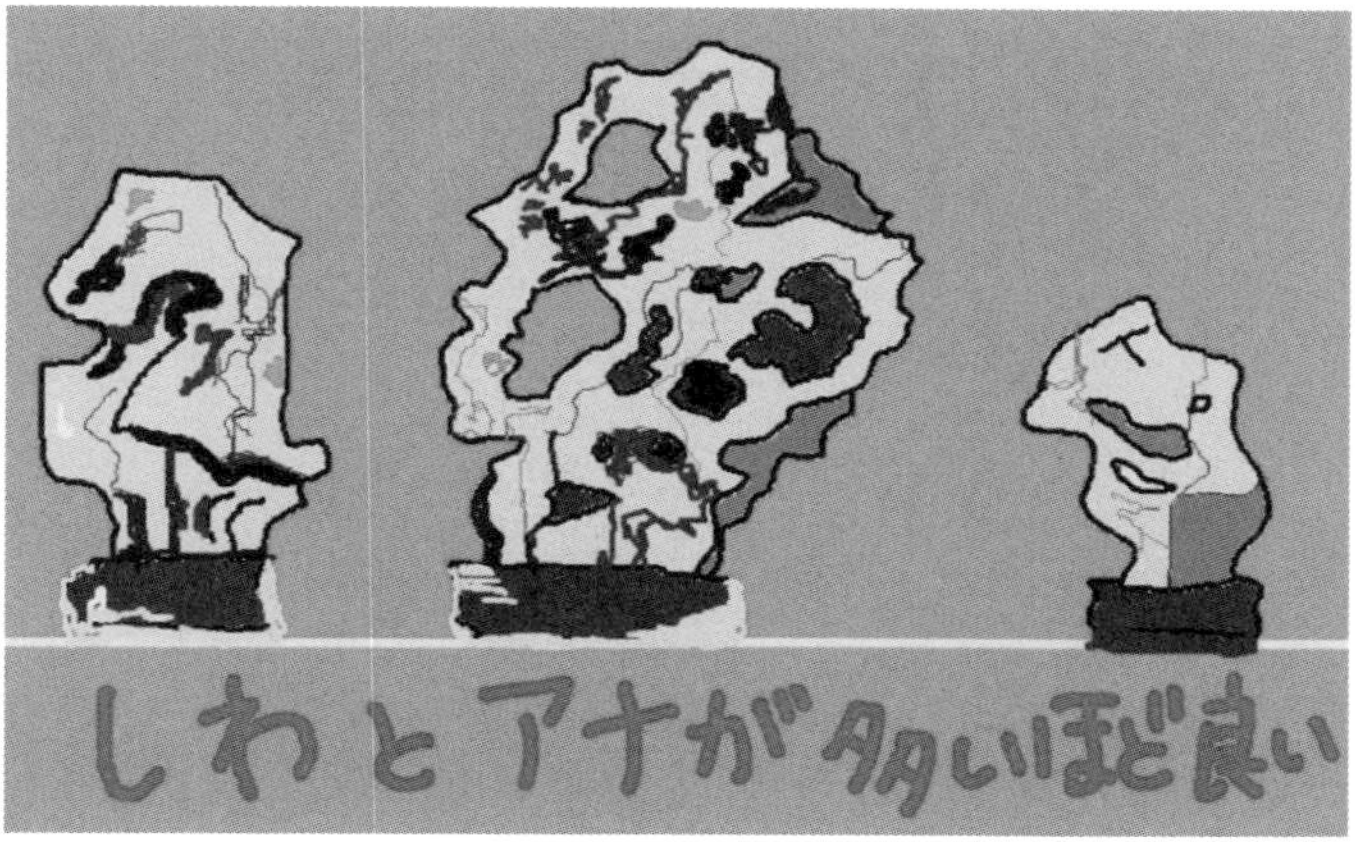

造形美《ぞうけいび》。簡単《かんたん》には作り出せないものなんだ。だから価値《かち》がある。中国では今でも太湖石が大人気。あまりの人気で、今では採れなくなってしまった。もう手に入らないので、高値《たかね》で取引されているんだって。

　琉球人《りゅうきゅうじん》は、その価値を知っていて、識名園の石橋がボコボコなのは、太湖石に似《に》た石を海から持ってきて作ったってわけさ。

　国王が代替《だいが》わりすると、中国から冊封使《さっぷうし》という使者《ししゃ》がやってくる。識名園に招《まね》いて、この橋を渡《わた》ると、「ほ〜、琉球の庭にも太湖石があるんだね…」なんて感心してもらうわけ。琉球からすると、少し自慢《じまん》になるわけだ。ホントは太湖石じゃないけどね（笑）。太湖石は那覇《なは》商業高校近くの福州園《ふくしゅうえん》にもあるよ。

南苑《なんえん》のほとりで⑤

識名園《しきなえん》は1783年に造《つく》り始めて、1799年に完成したとされている。完成の翌年《よくねん》には、冊封使《さっぽうし》（中国からの使者《ししゃ》）が琉球《りゅうきゅう》にやって来ていて、出来上がったばかりの識名園にも招待《しょうたい》されているよ。泉《いずみ》に「育徳泉《いくとくせん》」と名前が付いた話をしたけど、あの時の趙文楷《ちょうぶんかい》さんだ。識名園では、ギリギリまで園内の整備《せいび》が続いていたようで、こんなエピソードが残っている。

識名園はほぼ完成していたけど、庭の芝生《しばふ》がまだ。もう間もなく冊封使が到着《とうちゃく》する見込《みこ》みなのに、土がむき出し。準備《じゅんび》に追われる役人たちは、頭を抱《かか》えていた。すると工事をしていた若者《わかもの》が「冊封使を芝生に降《お》ろさないという条件《じょうけん》付きですが、この土を明日までに緑で覆《おお》いつくしてみせます！」と言いました。もはやタイムリミット。役人らは若者に頼《たよ》るほかなかった。

翌日。ついに冊封使が輿《こし》に乗ってやって来た。そのまま建物に入り、御殿《うどぅん》（建物）

から庭を見渡《みわた》すと、一面きれいな緑で覆われていた。そのままおもてなしの宴《うたげ》も無事終了《しゅうりょう》。約束を果たした若者が呼《よ》ばれ、たくさんのほうびをもらったんだって。よかった、よかった…。ん？ でもどうやって一夜で芝生を植えたんだろう？

はい、タネあかし。実は芝生ではなく、成長の早い「かいわれ大根」だったというお話。ちょっとオーバーな話だけど、冊封使がやってくるギリギリの完成だから、王府《おうふ》役人らがあわてていたのがよく伝わる話だね。

塾長のシ～ブン

ヒトッチ調べたんだ。何がって？ たった一晩でかいわれ大根が芝生のようになるのかと。やっぱりこれは言い過ぎで、芽が出て青々となるまでには1週間から11日くらいかかるようだね。今の識名園はしっかりと芝生で整えられていて、春夏秋冬いつ行っても、様々な植物が楽しめる気持ちいい庭園なのだ。世界遺産識名園行くべし！

ドンドン働こう㊤

突然《とつぜん》だけど、「ハンドン」って知っているかい？　怪獣《かいじゅう》の名前？…ではないね。お父さんやお母さんに聞いてみて。きっと「なつかしい～」って言いながら教えてくれるよ。月曜日から金曜日まで、諸君《しょくん》は1週間に5日間、学校に通っているね。だけど2001年までは、6日間だった。少し前まで土曜日も学校だったんだよ。でも午前中だけ。半日だけ休みになるから「半ドン」といったんだ。

じゃ、「ドン」ってなんだよって話だけど、これ実はオランダ語なんだ。オランダ語で「ゾンダク」っていうのは〝息抜《いきぬ》きの日〟という意味。土曜日は半分休むから、「半ゾンタク」、なまって「半ドンタク」、さらに略《りゃく》して「半ドン」となったわけ。日本で

半ドンがはじまるのは１８７６年。沖縄《おきなわ》が琉球《りゅうきゅう》王国から日本に変わる少し前だ。

ところで、琉球王国時代、一般《いっぱん》の人の休日はどうだったか。お盆《ぼん》やお正月以外、ほとんど休まない。ウマチーという行事や綱引《つなひ》き、八月遊《はちぐわちあし》びなど、慰労的《いろうてき》な行事もあるけど、ほとんど働きづめの毎日だった。首里《しゅり》城《じょう》勤《づと》めはちょっと違《ちが》うけど、それは次回。

働く人がいるから、僕《ぼく》らも暮《く》らしていける。身の回りを見まわしてごらん。それはきっと誰《だれ》かが働いて出来上がったものだ。デザインする人、工場で働く人、運ぶ人、お店の人…。今日は勤労感謝《きんろうかんしゃ》の日。半分じゃなく今日はドーンと感謝しよう。しかも諸君《しょくん》、明日も休みでしょ(笑)。

ドンドン働こう㊥

琉球《りゅうきゅう》王国時代の一般《いっぱん》の人は、休日がほとんどなかったね。天気のいい日は畑仕事。雨の日は家で道具の手入れ。女性《じょせい》は布を織《お》ったり、黒糖《こくとう》を作ったり。家畜《かちく》の世話や、もちろん、子育てなど家の仕事や、村の仕事もあるよ。やることは山ほどあった。

では王国の首脳《しゅのう》クラスはどうだったんだろう？　一般人でこれくらいだから、王府《おうふ》のトップ、三司官《さんしかん》はさぞかし働いていたんだろうね。それがわかる『伊江《いえ》親方《うぇーかた》日記《にっき》』というものがある。およそ230年前に三司官をしていた伊江《いえ》親方《うぇーかた》朝睦《ちょうぼく》という人の日記だ。日記によると、朝四《よ》つ時《どき》前（今の午前9時から10時くらい）に首里城《しゅりじょう》へ（遅《おそ》くね？）。そして仕事開始（御座詰《ござつめ》という）。

部下の役人が作った文書に目を通して、最終的に国王の判断《はんだん》が必要な場合は、国王のいる御書院《ごしょいん》（国王の仕事部屋）に相談へ。あとは行事の日《ひ》取《ど》りを調整したり、外交政策《せいさく》（とても重要）を考えたり、ほかの三司官と話し合ったり…。忙《いそが》しそうでしょ。でもね、お昼をはさんで、午後2〜3時で終わり（笑）。

この後は家に帰っちゃうぞ。残業する場合は、国王の許可《きょか》が必要だって。…諸君《しょくん》の学校より短い？三司官はあまり長いことは働かないようだ。琉球の首脳《しゅのう》は明るいうちに帰って、読書などをして教養を身に付けなさいという意味もあるんだよ。三司官の仕事の秘密《ひみつ》、まだ続きがあるから、次ページで。お楽しみに。

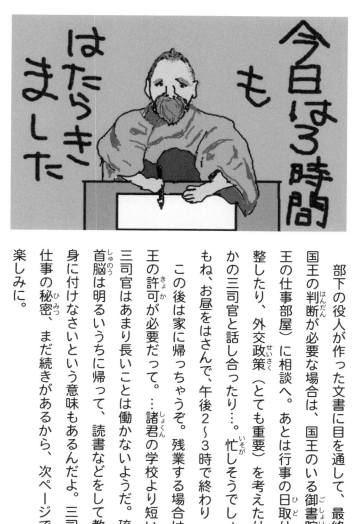

ドンドン働こう㊦

琉球《りゅうきゅう》王国の大臣、三司官《さんしかん》の一日は、今から考えると楽チンなスケジュールだったね。実はそれだけじゃないんだ。三司官はその名の通り3人いるんだけど、それぞれ当番の日があって、当番の日以外は、首里城《しゅりじょう》に来なくてもよかったんだ！

毎月1日と15日は3人とも首里城に出勤《しゅっきん》するけど、1人の三司官が出勤するのは月に7日間くらいだった。それ以下の役人も、それぞれの三司官の下にある三つのグループ（丑日番《うしのひばん》、巳日番《みのひばん》、酉日番《とりのひばん》）にわかれる。当番制《とうばんせい》になっていて、今日は丑日番、今日は巳日番って出勤する日が決まっていた。だから、役人たちも毎日仕事というわけではなかった。

琉球王国の身分制度《みぶんせいど》は、簡単《かんたん》に言うと二つしかない。士族《しぞく》階級か、平民《へいみん》かのどちらか。もちろん王族《おうぞく》は例外ね。首里城に勤《つと》めるのは、士族階級の人だけ。ところが、士族人口の分だけ王府《おうふ》の仕事が十分あるわけではないから、職《しょく》に就《つ》けない士族もいるわけね。

王府はなるべく多くの士族に仕事を与《あた》えるために、わざわざ1人でできる仕事を3人の者に、交代でさせていたんだ。あぶれた人でも最初は給料ナシで勤めて、空きが出るのを待つ人もたくさんいたくらいだ。

それでも仕事に就けない人もいて、王府は「士族が平民の仕事（畑仕事など）をしてもよい」ということに踏《ふ》み切《き》る。三司官も、役人も、出勤は少ないけど、わりと大変だったのだね。

塾長のシ～ブン

今となっては羨ましいかぎりだけれど、最近は長時間労働時間が問題となっているね。現代人は働きすぎらしい。ある研究よると、農業もやっていない大昔は、海に行って、魚を捕まえたり、ドングリを拾ってきて食べていた。その時代の労働時間は3時間。どれだけ多くても5時間で十分家族を養えたんだってさ。

おまじないの実

散歩をしていたら、道端《みちばた》に桑《くわ》の木があった。実がなっていた。ヒトッチは小学生のころ、この実をよく食べたよ。ほんのりすっぱいような、甘《あま》いような、なつかしい味だ。赤いヤツの方がおいしそうだけど、黒っぽくなった実の方が甘みがあっておいしいんだよね。

桑の木は古くから雷《かみなり》と関係がある。近くで落雷《らくらい》（雷が落ちること）があったらビックリするよね。落雷よけのおまじないがあるの知っている？「クワバラ、クワバラ」っておまじない。どこかで聞いたことあるでしょ。

昔、雷神《らいじん》となった菅原道真《すがわらのみちざね》（とても優秀《ゆうしゅう》な人だったけど、策略《さくりゃく》にはめられ、最後はたたり神《がみ》となった）によって、京都が激《はげ》しい落雷にあったんだ。しかし、不思議と桑原《くわばら》という桑の木の多い土地だけは大丈夫《だいじょうぶ》だった。そのまま土地の名前がおまじないになったと伝わる。ほかにも桑原という土地の井戸《いど》に落ちた雷様がフタをされて閉《と》じ込《こ》められて、以後この土地に雷を落とさないという条件《じょうけん》で逃《に》がしてもらったから…など諸説《しょせつ》あるが、桑の木に特別な力があると信じられるようになる。

これは、沖縄にも伝わっていて、雷が落ちると「桑木《くゎーぎ》ぬ下《しちゃ》でーびる」や「桑木ぬ又《また》でーびる」と唱《とな》えるというおまじないが伝わっているよ。あとゲーンという魔《ま》よけがあるけど、これにも桑を巻《ま》きつける。どうやら沖縄でも、古くから、桑が特別な植物であると信じられていたようだ。

塾長のシ〜ブン

ゲーンの本体はススキを3本まとめたものだ。桑の茎でまとめる。ススキの葉っぱにはとげがあるでしょ。たまに指を切ってケガすることもあるくらいするどいものだ。不可解な説明のつかない自然現象は、全部マジムン（妖怪）がやらかしていたので、ススキと桑のパワーで魔除けとしたわけ。

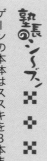

チンヌクで繁栄《はんえい》

明日は、一年のうちで昼が一番短い日、冬至《とうじ》だね。トゥンジービーサといって寒い時期になる。諸君《しょくん》の家では、あったかいトゥンジージューシーというものを食べるのではないか？　トゥンジーは冬至。ジューシーは炊《た》き込《こ》みご飯《はん》…のことではない。雑《ぞう》炊《すい》のこと。もともとジューシーとは雑炊が、なまった言葉とされる。ジューシーとは、水分が多くて、やわらかい雑炊をさしていて、炊き込みご飯のことは「クファー（固い）ジューシー」とよんでいたんだ。最近では逆転《ぎゃくてん》していて、ジューシーといえば炊き込みご飯で、雑炊を「ボロボロジューシー」とか言ったりするけどね。「ボロボロ」は、もちろん状態《じょうたい》をさしている言葉だけど、観光客は沖縄料理屋のメニューを見て、

使い古して傷《いた》んでいるみたいなイメージを持つ人がいるようだ（笑）。

さて、トゥンジージューシーのもう一つの特《とく》徴《ちょう》。それは「チンヌク」が入っていることだ。なになに？　寒いから股《また》に手を挟《はさ》んで温《ぬく》い…って、ちがうよ！　チンヌクとは「サトイモ」のことだよ。一説によると「鶴《つる》の子《こ》」という意味になるらしい。卵《たまご》だね。サトイモは親イモから、子イモができて、その子イモから孫イモができる繁《はん》殖力《しょくりょく》の強いイモだ。そして、掘《ほ》り出《だ》すと家族が仲良く並《なら》んでいるように見える子孫繁栄《しそんはんえい》と家族円満の縁起物《えんぎもの》の食べ物「ちんぬくじゅーしー」という沖縄民謡《おきなわみんよう》もあって、昔《むかし》から親しまれてきたよ。

ゆく年くるヤギ㊤

今年最後の歴男塾《れきおじゅく》になるねぇ。なんだかさみしいねぇ。うま年が終わり、ひつじ年になるわけだ。琉球《りゅうきゅう》王国にヒツジはいなかったけど、その仲間のヤギはいた。今でもヒージャーとよばれて身近な動物だよね。といってもヤギは外来種《がいらいしゅ》。もともと沖縄《おきなわ》にいたわけではないんだ。じゃ、いつ？ってことになるけど、残念ながら、はっきりとは分からない。600年くらい前に今の中国から輸入《ゆにゅう》されたともいわれている。

ヒージャーといえば、肉！って感じだけど、ほかにも皮が使われていたんだ。あまりピンとこないよね。今は履《は》かなくなったけど、カーサバとよばれる草履《ぞうり》に張《は》る皮として使われていたんだ。サバというのは草履のこと。ワラジといったりもするけど、原材料は藁《わら》でできているのが多い。琉球の身分《みぶん》の高い人たちは、ヤギ皮製の草履を履いていたんだ。

琉球王国時代の古い歌謡集《かようしゅう》「おもろさうし」の14巻《かん》には、知花《ちばな》にいらっしゃる按司《あじ》（えらい人）が「ひぎや皮さば」を履いていると歌われている。「ひぎや＝ヒージャー」だ。口元がきれいなかっこいい人って、書いてあるから、イケメンだったんだろう。ヒージャー草履は、昔《むかし》の高貴《こうき》なイケメンのファッションだったってわけ。来年あたりから、はやるといいね。

ということで、この話は来年に続く（笑）。それでは諸君《しょくん》、よいお年を。

塾長のシ～ブン

靴の時代となり、サバを履く機会はほとんどなくなった。ところで、先日ちょっとした撮影があって、ヒトッチ琉装をしたんだ。そして、金城町の石畳を歩いた。下はアダンで編んだサバを履いていた。そしたらね、靴で歩くより歩きやすかったのだ。石畳って靴だと歩きにくいけど、サバだと踏ん張れるから歩きやすかったサ～

ゆく年くるヤギ㊦

さて、今年（２０１５年）はひつじ年ってことで、なぜか仲間のヤギの話をしているよ（笑）。いきなりだけど、沖縄《おきなわ》のヤギはなんて鳴く？「メー」だって？それは「ブー」だ！正解《せいかい》は「ンベ～」だ（笑）。本当だって。おじいちゃん、おばあちゃんに聞いてみてよ。

こういうのを擬音語《ぎおんご》というんだけど、自然にある実際《じっさい》の音を言葉にしたものだ。同じ言葉を使う地域《ちいき》は、同じ擬音語を使うけど、言葉が変わると変わるんだよ。ちなみに英語でヤギは「バーバー」と鳴く。沖縄の人が「バーバー」と聞いたら、「それ風が吹《ふ》くときの音だよ～」ってなるよね。「風《カジ》バーバー」っていうでしょ。

ヤギのことをウチナーグチでは「ヒージャー」というけど、「ベーベー」ともよんでいるよ。これは幼児語《ようじご》といって、犬が近づいてくると小さい子が「ワンワン来た」

って表現《ひょうげん》するのと同じだね。ヤギの鳴き声に由来《ゆらい》するってわけね。

あとニワトリもおもしろい。日本語では「コケコッコー」だけど、英語では「コッコドゥードゥルドゥー」となる。ウチナーグチでは…「ケッケレケー」となる。おもしろいね。

ヒトッチ思うに、ウチナーグチは、こういった表現《ひょうげん》がとても豊《ゆた》かだ。ウチナーンチュは感覚が鋭《するど》いんだろうね。たくさんあるから、またどこかで紹介《しょうかい》しよう。

塾長のシ〜ブン

「チムドンドン」ってのがあるね。興奮して「胸がドキドキする」というったような意味にあるけど、沖縄らしくていいよね。緊張するってより、期待感があってのドキドキってニュアンスだね。そういえば、沖縄返還50周年記念ってことで、そんなタイトルのドラマをやるよ。「チムドンドン」全国で流行りそうだ。

気になる木①

２０１５年は、沖縄戦《おきなわせん》からちょうど70年となる年だね。ところで、沖縄《おきなわ》には大きな木がない。いやホントはあったんだ。戦争で大きな木は焼けてしまい、残っていないだけ。だから樹齢《じゅれい》70年あるいはそれより若い木が多いってこと。

もちろん、奇跡的《きせきてき》に焼失しなかった木も残っているよ。今帰仁村《なきじんそん》にある仲原馬場《なかはらばば》の松並木《まつなみき》は有名だね。樹齢２００年以上とされ、通称《つうしょう》「蔡温松《さいおんまつ》」ともいわれる。実は国頭村《くにがみそん》の辺戸《へど》地区にも「蔡温松」という名前が残っているが、どうしてだろう。

蔡温《さいおん》は、琉球《りゅうきゅう》王国時代の三司官《さんしかん》をしていた人で、今でいう総理大臣《そうりだいじん》。蔡温は林《りん》業《ぎょう》に力を入れていた。ナンデかって？　昔《むかし》の建物はみんな木造《もくぞう》だよね。とりわけ、首里城《しゅりじょう》みたいな大きな建物を造《つく》るには、大量の木材が必要になるでしょ。古くなると、修理《しゅうり》や建《た》て替《か》えも必要になる。実は首里城の正殿《せいでん》は、沖縄戦を含《ふく》めて４回も焼失（２０１９年10月で５回目）しているんだ。蔡温はそんな時に必要となる木材を、北部地域《ちいき》に植林させていたんだ。これを「杣山《そまやま》」というんだ。王府《おうふ》が管理する、国頭から恩納村《おんなそん》にかけての北部山林地帯にあたる。王府には杣山を管理する山奉行《やまぶぎょう》という専門《せんもん》の部署《ぶしょ》もあったんだよ。

さて諸君《しょくん》は「国頭《くんじゃん》サバクイ」という沖縄民謡《みんよう》を知っているだろうか。「さ～首里天加那志《すいていんがなし》ぬ、御材木《うぜーむく》だやびる～」で始まるこの歌は、木材を山から切り出して、首里の王様へ木材をおさめることを歌った労働の歌なんだね。

塾長のシ～ブン

この記事を書いた時は、まさか首里城が火災になるなんて想像すらできなかった。調べてみると、1709年にも火事（3回目）があったことがわかった。人口も増えてきていて、木材が減っていたという事情もあり、再建まで6年かかった。そしてこの時に残した資料が伝わっていて平成首里城の復元に役立ったわけ。

気になる木②

気になる木の話。今週はヒトッチお気に入りの場所。那覇《なは》高校前の交差点から城《じょう》岳《がく》小学校向けに歩いてみよう。アカギ並木《なみき》がとてもきれいだ。車道を通る車に、風に揺《ゆ》れる木の影《かげ》が映《うつ》りこみ、歩いているだけでワクワクしてくる。

前回も話したけど、沖縄《おきなわ》に大きな木が少ないのは、戦争で焼失してしまったんだね。この並木は、戦争が終わり、沖縄が米軍統治下《とうちか》から日本に復帰《ふっき》した後に整備《せいび》されたようだ。聞いたところによると、アカギの樹齢《じゅれい》は、30～40年くらいらしい。ってことは、ヒトッチより年下なんだね（笑）。大きな木ではあるけど、さほど年月はたっていない。この近くには汪樋川《おーひーじゃー》という湧《わ》き水《みず》で有名な場所がある。今は水脈《すいみゃく》が変わってし

まったようだけど、すぐ近くの開南《かいなん》バス停《てい》近くには「せせらぎ通《どお》り」という湧き水を利用した通りになっているよ。大きなアカギは豊富《ほうふ》な水と土壌《どじょう》にはぐくまれたんだろうね。

そして、琉球《りゅうきゅう》王国時代には、冊封使《さっぽうし》という中国からやってきた使者《ししゃ》も、この辺《あた》りへ遊びに来ているんだ。１７１９年にやってきた徐葆光《じょほうこう》さんの記録では「古松が数百株並《かぶなら》んでいる」というから、今のアカギ並木あたりは松並木だったんだろう。浦添市美術館《うらそえしびじゅつかん》が収蔵《しゅうぞう》している「城嶽霊泉《じょうがくれいせん》」という王国時代のこの辺りを描《えが》いた絵には、コンコンと水が湧き出る泉《いずみ》と、たくさんの松が確認《かくにん》できる！　絵を見て、そして王国時代を想像《そうぞう》して歩いてみると楽しいはずよ。

気になる木③

前回、那覇市《なはし》の通称《つうしょう》裁判所通《さいばんしょどお》りのアカギ並木《なみき》は王国時代には中国人も知っている松並木だったと話したね。実は、1853年にやって来たペリーというアメリカ人も、琉球《りゅうきゅう》の並木道について書いている。「(アメリカ人の)行列が、花咲《さ》く樹木《じゅもく》、枝《えだ》ぶりの良い木々が両側にある曲がりくねった道を進む時、私はこれ以上美しい行列は見たことがない」と。同行していた別の人は「琉球の道はとても良い。(中略《ちゅうりゃく》)。両側には土手があり、10~18フィートの間隔《かんかく》で松が生えている」と、2人とも琉球の並木道を絶賛《ぜっさん》しているのだ。

で、前回説明した場所に戻《もど》る。裁判所通りが城岳《じょうがく》小学校に突《つ》き当《あ》たると、右折してみて。ここ、およそ150メートルくらいの松並木があるんだよ。この道、王国時

代の競馬場《けいばじょう》「古波蔵馬場跡《こはぐらばばあと》」なんだ。

ここは戦後、王国時代から続いた並木道を復活《ふっかつ》させようという地元の人の要望で那覇市が再現《さいげん》したんだって。植えてある松の根本を見てほしい。地面が盛《も》り土《つち》をしてある。これ、48ページの回で話した蔡温《さいおん》時代の知恵だそうだ。

並木の最後には樹齢《じゅれい》数百年のガジュマル（写真を見てね）。この木は蔡温の時代も、競馬《けいば》でにぎわったころも、戦争も、ず〜っと見てきた木なんだ。木《こ》陰《かげ》に馬のオブジェが置いてあるのは馬場《ばば》があったことからだって。すてきな並木道だと思ったら、ガジュマルの側《そば》に「人間道路会議賞」を受賞したという看板《かんばん》があったよ。すごいね。

気になる木④

石灰岩《せっかいがん》の石積《いしづ》みで囲まれた赤瓦《あかがわら》の家。家々の間には、小さな路地《ろじ》があって、道沿《みちぞ》いにはフクギの木が並《なら》んでいる…。今ではあまり見られなくなった古き良き沖縄の風景だね。実は、徐々《じょじょ》に出来上がったのではなく、ある時代に積極的に作られた風景なんだよ。

風水《ふうすい》という中国から伝わった地理学《ちりがく》がある。琉球《りゅうきゅう》王国では、今からおよそ300年前に、この考え方を積極的に取り入れていく。フクギの風景ってこの時代から始まるんだ。風水って言うと、家の間取《まど》りとか、家具の配置とか、カーテンの色など、家のインテリアだけかと思った？　風水は、都市や村づくり、お墓《はか》まで幅《はば》が広いんだね。琉球は、これ全部を取り入れていたんだよ。

風水では、気《き》というパワーが大地をめぐっていると考えられている。気がうまく流れるように、高くなったり、低くなったりする地形を利用して村を作る。でもね、平坦《へいたん》な土地の村は「漏洩《ろうせつ》之《の》気《き》」といって、風水学上、気がもれやすくあまりよくないんだって。だから、村や家の周囲にフクギを植えて、気がもれだすのを防《ふせ》ぎ、全体に気が充満《じゅうまん》するようにしようという。

村を碁盤《ごばん》の目のように整備《せいび》したり、各家の門口《かどぐち》に「ヒンプン」というついたてを作ったりするのも気がもれないようにする工夫《くふう》。また、風水で「あまりよくない土地」と判断《はんだん》された村は、村ごと引《ひ》っ越《こ》しまでしていた。琉球は、風水の国ともいえるんだよ。

気になる木⑤

前回は、琉球《りゅうきゅう》王国時代の風水《ふうすい》の考え方を取り入れた村づくりを紹介《しょうかい》したね。気の流れが村からもれ出ないように、フクギの木が使われて、現代《げんだい》でもその様子が結構《けっこう》残っているって話だったね。

さて、今回もこのフクギを紹介しよう。といっても、風水ではなくて、染料《せんりょう》としての木だよ。諸君《しょくん》が着ている服は、たくさんの色が使われているね。これはもともとの糸の色ではなくて、染料というもので染《そ》められたものだね。

染料には植物など自然界から得られる天然染料と、化学合成で作り出す合成染料がある。昔《むかし》は天然染料のみだ。んで、フクギの木は琉球の染料の代表格《だいひょうかく》ってわけ。糸が鮮《あざ》やかな黄色やオリーブ色に染まるよ。染料を研究している専門家《せんもんか》によると、フク

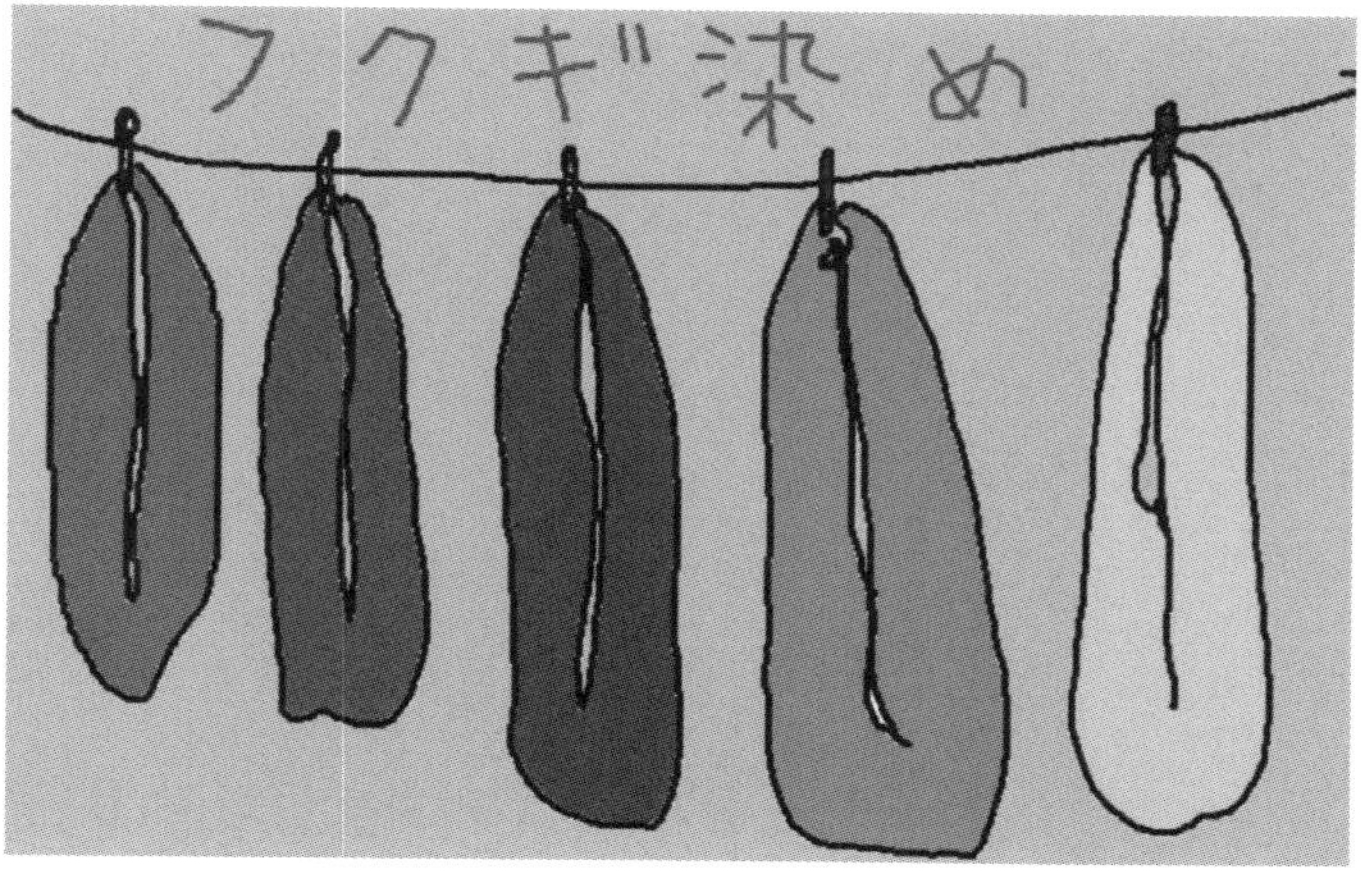

ギを使った染めは、琉球・沖縄《おきなわ》独自《どくじ》の染色法だったようだ。

江戸《えど》時代の将軍《しょうぐん》、徳川家宣《とくがわいえのぶ》に仕《つか》えた新井白石《あらいはくせき》は『南島志《なんとうし》』という書物《しょもつ》の中で、琉球の珍《めずら》しい特産物として「福木《ふくぎ》」を紹介している。フクギが琉球で染料として役立っていることを知っていたんだろうね。

他にも有名な染色家《せんしょくか》であり、沖縄文化の研究者でもある鎌倉芳太郎《かまくらよしたろう》という人によって、紅型《びんがた》用の重要な染料としてフクギが本土に紹介されたこともあるんだ。フクギは、風水としての役割《やくわり》はもちろん、染料としてあるいは防風林《ぼうふうりん》としての役割もあったから、王国時代から身近で、とても有用な樹木《じゅもく》だったってわけだね。

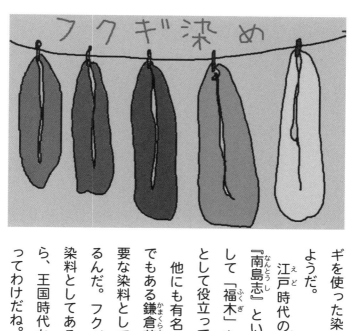

気になる木⑥

沖縄《おきなわ》の道路には、いろいろな木が植えられているね。これを街路樹《がいろじゅ》という。とくに沖縄本島《おきなわほんとう》の西海岸や国際通《こくさいどお》りなどの観光地には、ハイビスカスやヤシの木が多い。最初から自然に生《は》えていたと思った？　これは、南国イメージを盛《も》り上げるためのもの。だって、国際通りの街路樹がヤナギの木だったら、リゾート地の雰囲気《ふんいき》にならないからね。

でもね、ヒトッチが小学校低学年まで、国際通りの街路樹はヤナギだった！　イヤイヤ冗談《じょうだん》じゃなくて。国際通りはシダレヤナギが風になびく風景だった。車が右側通行のころだね。

本土復帰《ふっき》後、１９７５年に開かれた沖縄国際海洋博覧会《おきなわこくさいかいようはくらんかい》とともに、沖縄の街路樹は

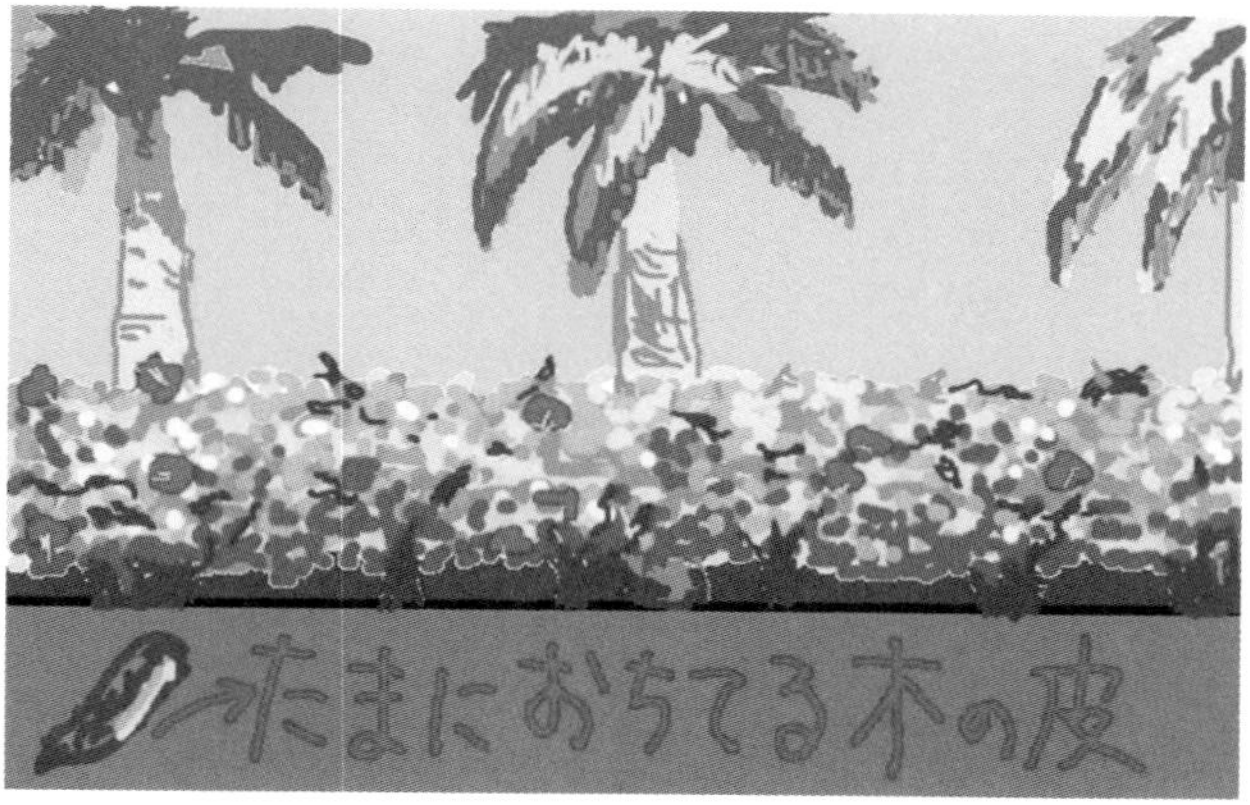

大きく変わっていった。開催《かいさい》に向けて道路を整備《せいび》する時に「南国の沖縄らしさ」を演出《えんしゅつ》するために、沿道《えんどう》にはハイビスカスやヤシの木が並《なら》んでいったんだ。もともとないものが「沖縄らしい」って変な話だけど、そのころから沖縄は「亜熱帯《あねったい》リゾート地としての沖縄」のイメージで、観光産業を盛り上げようとしていたからね。かくして国際通りも国道58号も、沖縄の沿道はトロピカルムード満載《まんさい》の道に変化していった。うん、これって、本土から見た沖縄のイメージなんだけどね（笑）。

でも最近では違《ちが》うらしい。以前紹介《しょうかい》したリュウキュウマツ、フクギなど王国時代から沿道をにぎわした樹木が増《ふ》えてきているよ。こっちの方が「沖縄らしい」かもね。

冠服《かんぷく》いたしました

琉球《りゅうきゅう》王国がまだ統一されていない三山《さんざん》時代（今から600年以上も昔）、北山国《ほくざんこく》、中山国《ちゅうざんこく》、南山国《なんざんこく》と、三つの国に分かれていた。ちょうどそのころ、お隣《となり》、現在《げんざい》の中国では明《みん》という大きな国ができたんだな。琉球の三つの国はそれぞれ、明と冊封《さっぽう》というお付き合いを始める。

当時、アジア、いや世界的に見てもとても進んだ国だった明。明の国では、身分《みぶん》をはっきりさせるために、服で区別した。これを冠服制《かんぷくせい》といって、上は皇帝《こうてい》から、一般《いっぱん》の平民《へいみん》に至《いた》るまで、王冠《おうかん》とか頭巾《ずきん》などかぶるものまで含《ふく》めて、1393年にビシッと決めてしまった。一目で身分がわかるという仕組みだ。例えば、左上にある写真でヒトッチがかぶっている烏紗帽《うしゃぼう》というものもそれ。

この変化は、琉球にも影響《えいきょう》した。三つの国の国王がこぞって、明の服を欲《ほ》しがった。当時の最先端《さいせんたん》の国の、最先端の制度《せいど》でもあるファッションを取り入れることで、王が王たることを示《しめ》すことができるからだ。人間は服装《ふくそう》で、態度《たいど》も変わるという。諸君《しょくん》の中でスポーツをやっている子はわかると思うけど、ユニホームを着ると態度や気持ちまで変わるよね。これ心理学的にも証明《しょうめい》されている「制服効果《せいふくこうか》」というやつ。

三山の王は明にお願いして、それぞれがゲットしたよ。王に仕《つか》える家臣《かしん》たちもこれを着るようになる。ただし、いつも着ているわけじゃない。儀礼《ぎれい》の時だけ正装《せいそう》として着ていたんだよ。

超《こ》えて変わる

毎週、「さきがけ！　歴男塾《れきおじゅく》」を読んでいただきありがとうございます。おかげさまで、連載《れんさい》200回となりました。と、喜んだのもつかの間、ゲッチョ先生のコラム「沖縄《おきなわ》おもしろ博物学《はくぶつがく》」の数字を見てびっくり！　すでに700回を超《こ》えているではないか！　気持ちを新たに、また頑張《がんば》らないとな…と思っている、ハイサイ！　塾《じゅく》長《ちょう》ヒトッチだ。

数字といえば、2033年問題って知っている？　あまり聞いたことないだろうけど、この年に、とうとう沖縄《おきなわ》の伝統《でんとう》が消滅《しょうめつ》してしまうんだ。たとえば、お盆《ぼん》が消える、エイサーも消える…。びっくりした？　沖縄の行事は旧暦《きゅうれき》で催《もよお》されることが多いね。旧暦はお月様の満ち欠けを基準《きじゅん》に作られたもの。ただし、これだと季節とズレが出

てくるから、3年に1度くらいのサイクルで閏月《うるうづき》（沖縄では「ユンヂチ」という）を入れ、1年を13カ月にして調整してきた。

ユンヂチを入れるにはある規則《きそく》があって、今まではうまくいっていたけど、2033年にはこの規則が破《は》綻《たん》してしまうんだ。簡単《かんたん》に言うと旧暦でカレンダーが作れない。だから旧盆もわからない、だからいつエイサーをやっていいのかわからなくなるってこと。

一応解決《いちおうかいけつ》方法はあるようで、解決すればお盆もエイサーもこれまで通りできるよ。だけど、ルールを変えることになるので、改暦《かいれき》といえるだろう。改暦は世替《よが》わりともいわれる。いい意味で、ここからまた、新しい沖縄が始まるのだよ。

甘美《かんび》な？歴史①

甘《あま》いものっておいしいよね。ハイサイ！　塾長《じゅくちょう》ヒトッチだ。沖縄《おきなわ》はサトウキビ収穫《しゅうかく》の時期だね。荷台《にだい》いっぱいのトラックをよく見かけるね。甘いものはすぐれたエネルギーの源《みなもと》になってくれるから、ネコ科以外の哺乳類《ほにゅうるい》動物って甘いものが好きなんだよ。昔《むかし》は、甘いもの、つまり砂糖《さとう》は、そう簡単《かんたん》に食べられるものではなくて、とても高価《こうか》なものだったんだ。

ところがどうだろう、今はお店に行けば、僕《ぼく》らは甘いものを簡単に手に入れることができるね。というより、先進国《せんしんこく》では砂糖の取りすぎで、病気になる人もいる。

人間はそれぐらい砂糖が好きだってこと。だから、砂糖を求めて、歴史も動いたよ。例えば奴隷《どれい》の問題がある。今から５００年くらい前、コロンブスが2度目の旅の時に、

砂糖を西洋に持《も》ち込《こ》んだ。これをきっかけに、スペイン、ポルトガル、オランダ、イギリス、フランスと、ヨーロッパの国々《くにぐに》は、原料となるサトウキビを作るためにぞくぞくとカリブ海《かい》付近に進出してきた。問題は労働力だ。土地はいっぱいあるが、働いてくれる人がいない。諸君《しょくん》はウージトーシ（サトウキビの収穫）の体験はあるかな？サトウキビ栽培《さいばい》は、まさに骨《ほね》が折れる作業だよね。そして多くの人手《ひとで》が必要だ。そこでヨーロッパの国々は、解決策《かいけつさく》として、アフリカから奴隷として人を連れてきて、こき使ったんだ。ひどい話だよ。これもみんなあの砂糖に魅《み》せられた我々《われわれ》人間がやってしまったことさ。続く。

甘美《かんび》な？歴史②

砂糖《さとう》の魅力《みりょく》のとりこになった人類の歴史、その2だ。

今から2300年ほど前、まだサトウキビを知らないいギリシャ人は、アレクサンダー大王の部下。インドに遠征《えんせい》した時に、初めてサトウキビという植物を知った。彼《かれ》らは「大王様、インドには、ミツバチの力を借りずに、蜜《みつ》を取り出せる葦《あし》があるんですよぉ〜！」って報告《ほうこく》したという。僕《ぼく》らサトウキビに囲まれた沖縄の人から見ると、とてもおかしい話だけど、当時は相当驚《おどろ》いたんだろうなぁ〜てことはわかる。

さて、沖縄《おきなわ》にいつごろサトウキビが入って来たか。残念ながらよくわからない。1429年の朝鮮《ちょうせん》王朝の記録に出てくるのが一番古い。琉球人《りゅうきゅうじん》が、明国《みんこく》（現在《げんざい》の中

国）から輸入《ゆにゅう》して栽培《さいばい》をしているというもの。
　同じ記録では、琉球《りゅうきゅう》の「甘蔗《かんしょ》（サトウキビの別名）は、甘《あま》くて美味《びみ》。生《なま》で食べても人の飢渇《きが》（飢《う》えと喉《のど》の渇《かわ》き）を解消することができる。煮《に》ると砂糖《さとう》になる」と書かれているので、琉球では、生でサトウキビをたべるだけでなく、煮詰《につ》めて黒砂糖《くろざとう》を作っていたということがわかる。これは、ちょうど尚《しょう》巴志《はし》によって琉球が統一《とういつ》された年代だ。そんな時代に、すでにサトウキビ栽培と、製糖技術《せいとうぎじゅつ》をもっていたんだね。まだまだ、大量生産はできていないので、砂糖は貴重品《きちょうひん》だろうね。琉球は朝鮮に砂糖１００斤《きん》（50〜60㎏）贈《おく》り物《もの》をしている。やはりサトウキビ栽培に自然や気候が合っていたのだろうね。

甘美《かんび》な？歴史③

沖縄《おきなわ》では、今から600年くらい前から、サトウキビを栽培《さいばい》し、黒糖《こくとう》を作っていた。最初は、お餅《もち》をつくように、臼《うす》でついて、搾《しぼ》り取《と》っていたようだ。これではあまりたくさんは搾り取れないね。つまり出来上がる砂糖《さとう》もわずかだ。

1623年に琉球《りゅうきゅう》の製糖《せいとう》は大きな変化をむかえる。忘《わす》れてはいけないのが、時代背景《はいけい》。その少し前に薩摩《さつま》の兵士らが攻《せ》めてきて、琉球は敗《やぶ》れていたということ。どんよりしたムードだ。また、そんな中で新しい技術《ぎじゅつ》を入れて琉球を立て直すために立ち上がった儀間真常《ぎましんじょう》という人物がいたということだ。

儀間真常は、「産業の大恩人《おんじん》」と言われていて、サツマイモ栽培を成功させた人と

して有名だね。儀間真常は、それだけでなく、製糖技術を輸入《ゆにゅう》した人でもある。牛や馬を使って、ローラーを回転させ、ローラーに、収穫《しゅうかく》したサトウキビを入れると搾られた、甘《あま》い汁《しる》が下の鍋《なべ》に落ちてくるというもの。いわゆる「サーターグルマ」と呼《よ》ばれるものだな。搾《しぼ》り汁《じる》を煮詰《につ》めて黒糖を作るわけだ。以後なんと200年もこのやり方が続く。戦前まで各地域《かくちいき》にはサーターグルマがあった。何がすごいってこの時、儀間真常、66歳《さい》。今の60代とは違《ちが》って、もう完全引退《いんたい》だよ。しかし彼《かれ》は、闘志《とうし》を燃《も》やすわけね。砂糖をたくさん作れることができれば、日本で売れる、アジアで売れる、アジアに来ている西洋にも売れる、つまり砂糖で国が救えると考えていた。すごいでしょ。

甘美《かんび》な？・歴史④

みんな大好き甘《あま》いモノ。砂糖《さとう》だね。儀間真常《ぎましんじょう》などの活躍《かつやく》により、大量生産に成功した琉球《りゅうきゅう》の製糖技術《せいとうぎじゅつ》。人々は米や麦を税金《ぜいきん》として納《おさ》めていたけど、王府《おうふ》は代わりに砂糖で補《おぎな》ってもイイよとした。そして砂糖座《さとうざ》や、砂糖蔵《さとうくら》という砂糖を専門《せんもん》に扱う役所を設置《せっち》した。砂糖を税《ぜい》としたり、専門の部署《ぶしょ》ができるということは、王府は製糖増《せいとうぞう》産《さん》に期待しているということだ。

ちなみに、砂糖蔵役人の給料はナイ！　その代り、税として納められた砂糖の一部をいただいちゃっても良かったんだよ。それを売って、家の生活費としていた。砂糖蔵役人は、みんなから羨《うらや》ましがられる人気の仕事だったというから、結構《けっこう》な儲《もう》けになっていたんだろうね。

当時、琉球は薩摩《さつま》島津《しまづ》軍《ぐん》の侵攻《しんこう》で、農村も王府も活気がなかった。でも、これで「復活《ふっかつ》やさっ！」って誰《だれ》もが思うよね。なにせ、日本は鎖国《さこく》をしているので、もっぱら外国産《がいこくさん》に頼《たよ》る砂糖は高く売れる…はずだった。ところが、輝《かがや》かしい大交易《だいこうえき》時代は終わっていたんだ。薩摩からは中国との交易を求められていて、外交としてのお付き合いだけで、王府のお金は底をついていた。そこで薩摩から大金を借金をするのだ。さらに返済《へんさい》計画も、すぐに行《い》き詰《づ》まってしまった。困《こま》った王府は、砂糖で返すことにした。生産技術も軌道《きどう》に乗り、売れる見込《こ》みもある砂糖の利《り》益《えき》を手放さなければならないくらい困っていたということ。

甘美《かんび》な？歴史⑤

沖縄県《おきなわけん》になった今でも、黒糖《こくとう》は地域《ちいき》の特産《とくさん》として、またお土産《みやげ》として人気が高い。それは、琉球《りゅうきゅう》王国時代に始まっていたね。薩摩《さつま》に敗戦後、琉球王国は活力を失いかけていた。そこに儀間真常《ぎましんじょう》という人が、〝ザーターグルマ〟を導入《どうにゅう》して、製糖技術《せいとうぎじゅつ》が飛躍的《ひやくてき》に上がったのでした。

やがて、羽地朝秀《はねじちょうしゅう》という人が登場してくる。1666年に摂政《せっしょう》という琉球の役人としては最高位《さいこうい》に就任《しゅうにん》。彼《かれ》の功績《こうせき》は、たくさんあるけど、農村の改革《かいかく》は大きいね。敗戦のしわ寄《よ》せは、農民に重くのしかかっていた。地方の役人が、農民から不正な取り立てをしていたんだ。

羽地朝秀は、不正を取《と》り締《し》まり、農民の税《ぜい》を軽くして、開墾《かいこん》を奨励《しょうれい》した。開墾とは、

いままで畑として使っていなかった土地を、耕《たがや》して農地にしようよってこと。場合によっては、「自分の土地にしてもいいですよ」ってことにした。これで農民のやる気がでてくる。木の根っこをどかしたり、埋《う》もれている大きな岩を掘《ほ》り起《お》こしてどかしたり、開墾は重労働《じゅうろうどう》だけど、自分の土地になるならやる気が出るよね。畑も広がり、サトウキビを植える。収穫《しゅうかく》したらサーターグルマでバンナイ搾《しぼ》って、黒糖を作る。日本や中国で売れる。

もともとあった土地ではなく、新しい土地がサトウキビ畑になるんだから、生産量は増《ふ》えるよね。

これで、琉球は徐々《じょじょ》に、元気を取り戻《もど》していくわけだ。でもある問題が…。

甘美《かんび》な?・歴史⑥

江戸《えど》時代、薩摩侵攻後《さつましんこうご》に、羽地朝秀《はねじちょうしゅう》という人が出てきて、琉球《りゅうきゅう》は黒砂糖《くろざとう》の生産に力を注《そそ》いだね。羽地朝秀の改革《かいかく》は、経済《けいざい》の巻《ま》き返《かえ》しには成功したけど、いろいろ問題もでてきた。

まず、使っていない土地を耕《たがや》して畑として使えるようにした（開墾《かいこん》というね）。開墾は木を切《き》り倒《たお》すことになるね。その上、黒砂糖は、サトウキビの搾《しぼ》り汁《じる》を、煮詰《につ》めて作るよね。煮詰めるには、大量の薪《まき》が必要になる。さらにさらに、出来上がった黒糖《こくとう》を運ぶための砂糖樽《さとうだる》が必要になる。出来上がったら、日本に売るのだけど、運ぶための船も、当時は木で作られていた。考えてみたら、サトウキビを搾《しぼ》るためのサーターグルマのローラーも、当時は木でできていたね。そうなんだ。製糖《せいとう》にはたくさんの

木材が必要になるんだよ。

んで、どうなったか…砂糖を作るために、王国では自然破壊《はかい》が進んじゃった。これは困《こま》った。そこで出てきたのが、蔡温《さいおん》という人。歴男塾《れきおじゅく》でも何度か紹介した人物だけど、沖縄《おきなわ》の偉人《いじん》といわれている。那覇《なは》の久米村《くめむら》出身で、三司官《さんしかん》という琉球の大臣にまで上り詰めた人だ。

彼は、羽地朝秀のやったことを、引《ひ》き継《つ》いだんだけど、森林破壊には、杣山政策《そまやませいさく》という植林に力を注《そそ》ぎ対策《たいさく》を打った。蔡温は土木工事や、風水《ふうすい》の知識《ちしき》もあって、いたるところで活躍《かつやく》した。沖縄本島《おきなわほんとう》北部に“蔡温松《さいおんまつ》”と呼ばれる、古い松の木があるのもその名残《なごり》なんだよ。つづく。

甘美《かんび》な?歴史⑦

今から150年くらい前、江戸《えど》時代から明治になり、日本は大きく変わった。武士《ぶし》の時代から、近代国家として日本が生まれ変わった。幕府《ばくふ》に替《か》わって、明治政府《せいふ》ができあがる（明治維新《いしん》）けど、新政府は、主に薩摩藩《さつまはん》（現在《げんざい》の鹿児島県《かごしまけん》）と、長州藩《ちょうしゅう》（現在の山口県《やまぐちけん》）の人々で作られていた。二つの藩《はん》はとても大きな力をもっていたんだ。薩摩藩には大久保利通《おおくぼとしみち》や西郷隆盛《さいごうたかもり》という優秀《ゆうしゅう》な人材もいた。

薩摩藩の原動力となったのは、人材だけではなかったんだ。薩摩には、琉球《りゅうきゅう》王国と奄美諸島《あまみしょとう》の黒砂糖《くろざとう》から得られる経済力《けいざいりょく》を持っていた。1609年に起きた薩摩島《しま》津軍《づぐん》の侵攻《しんこう》により、奄美は琉球から切り離され、薩摩領土《りょうど》となる。また琉球は、王国として残ったけど、薩摩の配下におかれて、仕上世《しのぼせ》という税《ぜい》を取られていた。最初は8000石《こく》の米だったけど、のちに3分の1が砂糖《さとう》に置《お》き換《か》わる。奄美諸島も、薩摩の政策《せいさく》によって、砂糖の生産拠点《きょてん》となっていく。というのも、鎖国《さこく》をしていた日本では、砂糖が貴重品《きちょうひん》だったので、薩摩はこれを独占《どくせん》することで、もうかったんだね。

実際《じっさい》、明治維新の4年前に西郷が大久保に送った手紙には、軍艦《ぐんかん》を買うお金として、「琉地《りゅうち》の産物《さんぶつ》（琉球・奄美の砂糖）を使おう」と書いてある。幕末《ばくまつ》の薩摩では、黒砂糖がまさにドル箱だった。おかげで春日丸《かすがまる》をはじめとする軍艦購入《こうにゅう》や、西洋的な工場運営《うんえい》、欧米《おうべい》への留学生《りゅうがくせい》派遣《はけん》など幕府に先駆《さきが》けた動きをしていたんだ。

塾長のシ〜ブン

砂糖が好まれるのは今でも同じ。コンビニ行くと砂糖を使っていない商品を探すのが難しいくらいだ。それほど砂糖は魅力的な商品だった。琉球、日本、いや世界中の人類はこの甘いもののトリコになっていたのだね。幕末、明治維新と薩摩藩が巨大な幕府と対抗できるほど、財力を蓄えたのも砂糖に負うところが大きいわけ。

甘美《かんび》な？歴史⑧

諸君《しょくん》は、海外に親《しん》せきいる？　ハワイ、ブラジル、ペルー、サイパンとか。ヒトッチはハワイにいるよ。沖縄《おきなわ》は、資源《しげん》に乏《とぼ》しく、すべての人の生活をささえることができなかった。だから、海外に移住《いじゅう》して働く、“海外移民《かいがいいみん》”が多かった。戦前の日本政《せい》府《ふ》も、貧しい地域《ちいき》の人たちを移民《いみん》してもらって、問題を解決《かいけつ》しようとしたんだ。

海外移民を選んだ多くの人が、サトウキビ栽培《さいばい》の仕事をした。なにしろ、王国時代から盛《さか》んだったから、栽培技術《ぎじゅつ》を持っている人が多かった。

ところが、苦労は絶《た》えない。移民先に渡《わた》り、すぐ畑が用意されているわけではない。大木《たいぼく》切《き》り倒《たお》し岩を割《わ》り、栽培をするための畑を作るところから始まる。最初に渡った

1世は、過酷《かこく》な重労働《じゅうろうどう》を強《し》いられた。また、地元の人たちとのトラブルも多かった。言葉の問題もあるし、風習《ふうしゅう》の違《ちが》いもある。こういったことから、地元だけでなく、他府県《たふけん》から移民した、同じ日系人《にっけいじん》の中でも孤立《こりつ》してしまうといったこともあったんだ。

現在、世界に広がった沖縄の人たちが一斉《いっせい》に集まる「世界《せかい》のウチナーンチュ大会《たいかい》」というのがあるけど、移民で海外に出た人たちの子孫も参加している。何代も沖縄を離《はな》れているから、沖縄のことを忘《わす》れてしまっているかというと、さにあらず。彼《かれ》らは、エイサーチームをもっていたり、僕《ぼく》らよりウチナー口《ぐち》が上手な人もいるよ。自分たちのルーツを大切にしているのだ。

龍《りゅう》が呼《よ》ぶもの

ゴールデンウイークになると、那覇《なは》三大祭りのひとつ那覇ハーリーが開催《かいさい》される。ハーリーは、中国からやって来た文化とされる。ハーリーの船を漢字で書くと「爬《は》龍船《りゅうせん》」。そう、龍《りゅう》の船なのだ。那覇ハーリーの船のデザインは、龍だね。船のへさきには龍の頭、船尾《せんび》には龍のしっぽがあしらわれているね。「爬《は》」は「爬虫類《はちゅうるい》」とかで使われるが、「地面をひっかくように、はって進む」という意味。だから、ハーリーの船は、龍が海面をはうように進むということを表現《ひょうげん》しているわけ。で、龍がはうとどうなるか。雨が降《ふ》るのだ。ハーリーにはいろいろな願いが込《こ》められているというけど、その一つが雨乞《あまご》いだ。沖縄は雨は多いけど、大きな山がないの

で、雨水《あまみず》はすぐに、海に流れ出てしまう。数ヵ月も日照《ひで》りが続けば農作物が育たない。昔《むかし》は干《かん》ばつのことを〝がし〟とよんで、それは死を意味していた。首里城《しゅりじょう》の正殿《せいでん》もそうだけど、龍の近くに雲が描《えが》かれているでしょ。龍は雨雲を呼《よ》ぶんだ。

大昔《おおむかし》の中国では、雨乞いの儀式《ぎしき》に龍の模型《もけい》を使ったし、今の中国でも、旧暦《きゅうれき》正月に、布《ぬの》や紙で作った龍をかかげて踊《おど》る。長崎《ながさき》の「おくんち」の龍踊《じゃおど》りも、これに由来《ゆらい》するんだ。

この時期にハーリーをすることで、やがて訪《おとず》れる夏に雨の恵みを祈願《きがん》するという意味があるわけだ。沖縄《おきなわ》の人は、それを願い、何百年もこのお祭りを続けてきたってわけ。

高貴《こうき》なジョーグー

母の日だけど、諸君《しょくん》はお母さんに何かプレゼントあげるのかな。え、まだ迷《まよ》っている？　ヒトッチのお母さんは、饅頭《まんじゅう》ジョーグーなんで、お饅頭をプレゼントしようと思う。決まっていない人は、お母さんは何ジョーグーか考えてみるのもいいかもね。

さて、この「ジョーグー」って言葉。「～好き」って意味のウチナーグチだね。豆腐《とうふ》ジョーグー、肉ジョーグー、魚ジョーグーなどなど、前に好きなものがくっつくよね。でもね、ジョーグー単体で使うと「酒飲み・酒好き」の意味になるんだ。

ジョーグーは、日本語の「上戸《じょうご》」からきている。今からなんと１３００年以上も昔《むかし》、日本は大宝律令《たいほうりつりょう》という法律によって、家の貧富《ひんぷ》の差を決めた。格差《かくさ》に合わせて、

一定の穀物《こくもつ》（米など）を出させて、飢饉《ききん》に備《そな》えた。豊《ゆた》かなものは多めに出し、貧《まず》しいものを救おうということだ。上上戸《じょうじょうご》〜下下戸《げげこ》までの階級をつくった。

お酒は米で造《つく》られる。上戸、つまり豊かな家は、米がたくさんあるから、お酒が造《つく》れるけど、下戸《げこ》の貧しい家は、お酒なんて造る余裕《よゆう》はないよね。ってことから転じて、お酒がたくさん飲める人のことを、「上戸」と呼《よ》んで、逆に飲めない人のことを「下戸」というようになったんだ。大昔《おおむかし》に沖縄《おきなわ》に入ってきた言葉なんだ。現在《げんざい》、「上戸」は、ウチナー風に「ジョグー」と、変化して残ったんだけど、下戸は使わないね。なんでかね？　少ないから？（笑）

鐘《かね》だけはある

5月22日って大切な日なのだ。それは琉球大学《りゅうきゅうだいがく》が開学した日だ。1950年、戦後間もなくで、沖縄戦《おきなわせん》の傷《きず》あとも残る時代だ。沖縄《おきなわ》は、アメリカ軍統治下《とうちか》にあって、日本ではない頃《ころ》。米軍政府《せいふ》によって大学校舎《こうしゃ》が建設《けんせつ》されたのは…なんと、現在《げんざい》の首里《しゅり》城《じょう》だ。

琉球《りゅうきゅう》王国時代、王様が暮《く》らし、国の中心となっていた首里城。王国が消滅《しょうめつ》した後、神社になったり、沖縄師範学校《おきなわしはんがっこう》（先生を育成《いくせい》する学校）になったり、戦争になると、地下壕《ちかごう》が掘《ほ》られて、日本軍の司令部になったり…時代によって首里城は姿《すがた》を変えたが、沖縄戦で壊滅《かいめつ》。どこが首里城かもわからないくらいのがれきの山となった。戦後は、アメリカ軍の施設《しせつ》として使われたり、ラジオ局になったりと、またまた姿《すがた》を変えながら、やがて琉球大学になるんだ。

1985年に現在《げんざい》の西原《にしはら》キャンパスに移転《いてん》したんだけど、大学内に「開学《かいがく》の鐘《かね》」がぶら下がっている場所がある。でもぶら下がっているのは、鐘の形はしていない。うん、ガスボンベだ。戦後間もなくできた琉大《りゅうだい》は、アメリカ軍が使わなくなった、ガスボンベを鐘の代わりに使ったんだ。これで学校内の時間を知らせていた。諸君《しょくん》の学校も鐘が鳴るでしょ。あれと同じ。これは首里城跡《あと》に大学が建てられた時の物。開学の精神《せいしん》を忘れずにという意味を込めて、ボンベの鐘を、西原に移設したという。物がない時代でも、勉強しようとする若者の気概《きがい》を感じるよね。

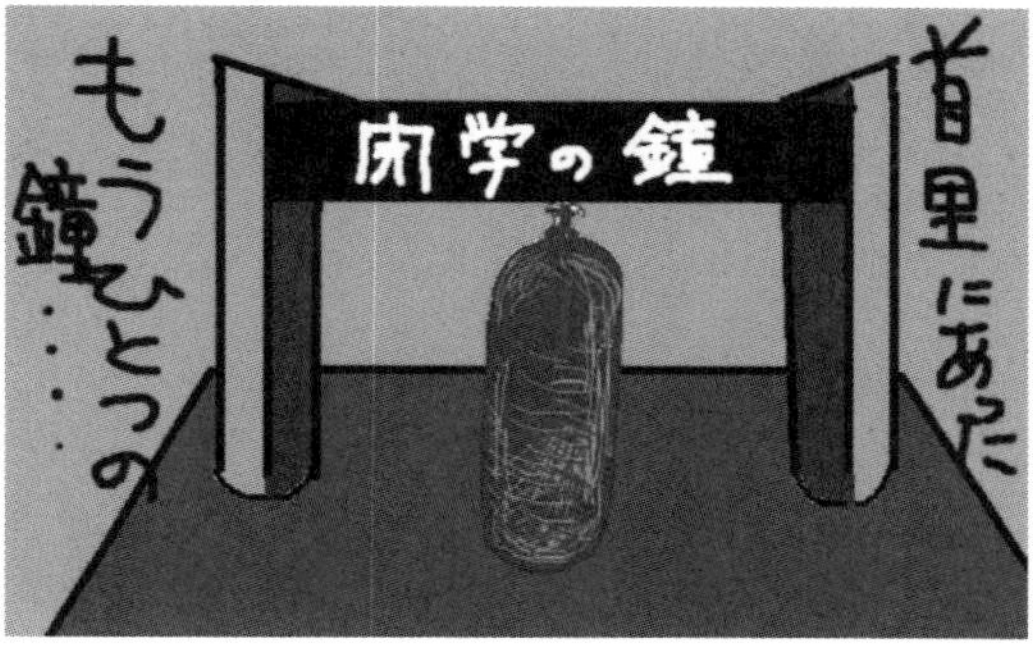

塾長のシーブン

元首里城の土地に琉球大学ができた翌年（1951年）に、日本は独立を回復した。しかしこの時、沖縄は米軍統治下のままだった。アメリカ政府は沖縄の人たちの不満をかわす意味もあり、琉球明政府を設立。選挙で選ばれた議員らを中心に政府設立のセレモニーが行われた。その場所も琉球大学本館、つまり現在の首里城正殿で行われたのだ。

神託《しんたく》㊤

「どれにしようかな、天の神様のいうとおり、チンプンカンプン」…。諸君《しょくん》も欲《ほ》しいものが二つあって、どれにしようか迷《まよ》った時は、占《うらな》いで決めちゃうよね。この「神様チンプン（ヒトッチがつけた名前）」は、地域《ちいき》によって差があるらしい…ヒトッチの出身地（那覇市寄宮《なはしよせみや》）では、最後に「あ・ぶ・ら・む・し」とつけることもあるよね。

こういうのを「神託《しんたく》」とか「ご神託《しんたく》」という。自分で決めるのではなく、自然の偉《い》大《だい》な力におまかせしちゃうという考え方だね。「天の神様」という言葉を使っていることからもわかる。神託は、大昔《おおむかし》から、琉球《りゅうきゅう》・沖縄《おきなわ》に限らず、広く行《おこな》われていたんだよ。

今から3000年以上昔《むかし》の中国では、王様が占いで国を動かしていた。亀《かめ》の甲羅《こうら》

やシカの骨《ほね》にシルシをつけて、火であぶる。「神様チンプン」のように呪文《じゅもん》を唱《とな》えると、パチっとひびが入る。どっちのシルシにひびが入ったかで答えがわかる。なんとこのシルシ、のちに甲骨文字《こうこつもじ》と呼ばれる字になっていくんだ。本来は占いをするために生み出したもの。まさに古代中国の王様も「神様チンプン」と同じことをやっていたってこと。甲骨文字は神様の意思を記録するためのものだったんだ。

これが長い時間をかけて変化し、僕《ぼく》らが今使っている漢字になっていくんだよ。漢字から、カタカナやひらがなが生まれるから、僕らの使っている文字も占いから生み出されたんだよね。つづく。

神託《しんたく》（中）

琉球《りゅうきゅう》王国時代は、占《うらな》いに頼《たよ》っていた時代でもある。その頃《ころ》は、日取《ひど》りを占《うらな》う専門《せんもん》の職業《しょくぎょう》があった。この職業をトキという。主に男性《だんせい》の仕事だったようで、グスクを工事する日を占って決めていたようだ。

尚真王《しょうしんおう》という王様の時代、その様子が『おもろさうし』という古歌謡集《こかようしゅう》の中に出てくる。彼《かれ》らトキは詩を歌う人でもあり、ご神託《しんたく》を受けて、予言《よげん》をする人でもあったようだ。国王にも重宝《ちょうほう》され、宮中《きゅうちゅう》である首里城《しゅりじょう》に、出入りしていたことがわかる。

伝承《でんしょう》によると、尚真王が信頼を寄せていた木田大時《むくたうふとぅち》（武久田大時と書く場合もある）の予言はとても当たったようだよ。よく予言が当たるトキを、時之大屋子《ときのうふやこ》と呼んで、王府《おうふ》の重要な事も彼らが占って王様に助言していたわけ。大丈夫《だいじょうぶ》か～（笑）。伊波《いは》

普猷《ふゆう》という研究者は、彼らのことを「公的魔術師《こうてきまじゅつし》」とよんでいる（笑）。

しかし、尚真王の時代から150年くらいたつと、羽地朝秀《はねじちょうしゅう》という政治家《せいじか》が出てきて、改革《かいかく》を行う。「文字も読めないものが、日取りを決めているが、今後はこれを禁《きん》じる」とね。これ以降《いこう》、占いまじないごとは禁止《きんし》となった。

でもね、こういうことは、すぐには消えないんだ。その後「ときよた科定《とがさだめ》」という法律《ほうりつ》を作って取《と》り締《し》まりを強化したよ。それでも、トキはなくならなかったんだ。今だって、結婚式《けっこんしき》やお葬式は日を選ぶでしょ。人が信じているものを変えようとするのは大変なんだね。

神託《しんたく》㊦

琉球《りゅうきゅう》王国時代は、政治《せいじ》と信仰《しんこう》が深くかかわりあっていたね。さて、今回は宮古島《みやこじま》で行われていた占い《うらな》「ユウラ」のお話し。何か迷《まよ》っている事や、心配事《しんぱいごと》があったらやってみて。

①夕方に火ぬ神《ひかん》や、仏壇《ぶつだん》に向かいご先祖《せんぞ》様に、いい答えが頂《いただ》けるように祈《いの》る。②そのあと、人通りの多いところに行く。③道行く人の会話に聞き耳を立てる。④その中には神様からの答え（ご神託《しんたく》）が隠《かく》されているので読み取る…というもの。

面白いでしょ。さらにおもしろいのはこの占い、「辻占《つじうらない》」とよばれて奈良《なら》時代の日本でも盛《さか》んに行われていた。『万葉集《まんようしゅう》』という日本最古の和歌集《わかしゅう》に、「夕占」と書いて同じく「ユウラ」とか「ユウケ」という言葉で出てくるんだ。愛する人のことを

まさかのユウラ否定？
夕方に歩き回ったら鬼出るよ〜
うんわかった…

占っていたので恋愛《れんあい》占いみたいなものだろうか。

江戸《えど》時代になると、辻《つじ》（交差点）で、夕占目的で集まって来た人に、占いが書かれた紙を売る、〝辻占売り〟という、商売人が出てくる。さらに辻占売りは、他と差別するために、せんべいなどのお菓子《かし》の中に占いくじをつけて売るようになる。はい、これが人気となり、戦後中華料理《ちゅうかりょうり》のお店がマネして、フォーチューンクッキーが出現《しゅつげん》してくる。

中華街《ちゅうかがい》で売られたりするので中国由来《ゆらい》かと思いきや、これは日本の文化なんだ。そしていつ宮古島に伝わったのかは不明。宮古以外、沖縄《おきなわ》にはユウラの風習《ふうしゅう》はない。これまた不思議。

スグりた公園

那覇市《なはし》にある神社、波上宮《なみのうえぐう》の近くに〝三文殊公園《さんもうじ》〟という場所がある。那覇市が設置《せっち》した看板《かんばん》によると、「18世紀を代表する学者・教育者程順則《ていじゅんそく》（名護親方寵文《なごおやかたちょうぶん》）、大政治家《せいじか》の蔡温《さいおん》（具志頭親方文若《ぐしちゃんおやかたぶんじゃく》）、スグリ山田（優《すぐ》れた山田）と呼《よ》ばれた山田親雲上《ぺーちん》の3人の賢人が、琉球《りゅうきゅう》の国のことを語り合った場所なので『三文殊《さんもんじゅ》』と呼ばれるようになり、いつしかそれが『サンモウジ』という地名になった、という言い伝え」からという。

程順則と蔡温は、久米村《くにんだ》が生んだ英雄《えいゆう》であり、17世紀の琉球を生きた偉人《いじん》だ。でもスグリ山田って誰？　塾長《じゅくちょう》も知りません。ということで、わからないことは調べる！　の精神《せいしん》で調査《ちょうさ》。わかったよ、さすが塾長、スグリ賀数！　家譜《かふ》という家系図《かけいず》

が残されていた。久米村生まれで、やはり中国にルーツを持つ一族、阮氏《げんうじ》の五世。若《わか》い時から優秀《ゆうしゅう》で、久米村で先生をしていたようだ。また琉球の使節団《しせつだん》として国を代表して中国にも渡《わた》る。帰国後、久米村のトップを補佐《ほさ》する中議大夫《ちゅうぎだゆう》に昇進《しょうしん》し、最終的には長史《ちょうし》というナンバー2にまで上《のぼ》り詰《つ》める。

　ところが…1719年、彼《かれ》は突然《とつぜん》、流刑《るけい》に処《しょ》される。家譜にはただ「坐罪（罪《つみ》に座《ざ》す）」とだけ記されている。1719年といえば、ちょうど尚敬《しょうけい》王《おう》の冊封使《さっぽうし》が来琉《らいりゅう》した年。久米村の人々は総動員《そうどういん》で、この国家行事に関わるはずだ。スグリさん、この公園で何か企《たくら》んで、大きな失敗でもしたんだろうか？　ナゾ…。

かけ橋も大変

王国時代の琉球人《りゅうきゅうじん》は、アジアのかけ橋となって、さまざまな国と交易《こうえき》をしていたね。海を越《こ》えて海外の文化や、珍《めずら》しいモノをどんどん取り入れ、それらを自分たちのやりやすいようにごちゃまぜ（チャンプルー）にしてきた。それは危険《きけん》な船旅《ふなたび》を伴《ともな》う。無事に目的地へ到着《とうちゃく》しても、病《やまい》に倒《たお》れることもあるし、争いに巻《ま》き込《こ》まれることもある。場合によっては命を落とすこともあるってわけね。

中国には琉球人のお墓《はか》が残っている。琉球の船が使うのは福建省《ふっけんしょう》の港。この近くには今でも琉球人墓《りゅうきゅうじんばか》が、8基《き》確認《かくにん》されて、現地《げんち》の文化財《ぶんかざい》に指定され保存《ほぞん》管理されている。本当は578基ものお墓が存在《そんざい》したようだけど、いろいろあってその存在が確認できないんだって。もっというと、漂着《ひょうちゃく》して亡《な》くなったり、北京《ぺきん》の皇帝《こうてい》に会いに

行く途中《とちゅう》に亡くなる人もいたから、福建省以外にもお墓はあっただろう。

また、福建省には琉球館《りゅうきゅうかん》という、琉球の出張所《しゅっちょうじょ》のような場所があったんだけどその隣《となり》に、崇報祠《そうほうし》という亡くなった人に手を合わせる場所があった。ここには９００人以上もの名前や身分《みぶん》が書き込まれた位牌《いはい》があったそうだ。そう、僕《ぼく》らがよく知っているトートーメーだね。いかに過酷《かこく》な仕事だったかというのがわかる数字だね。いや、お墓や位牌があるのはまだいい方で、船が流れてそのままの人達もたくさんいたはずだから、現実《げんじつ》はもっと多いはず。かけ橋も大変だったのだ。

しゃかに仏教《ぶっきょう》①

沖縄県外《おきなわけんがい》に国内旅行をして感じるのは、沖縄はお寺が少ないということ。お寺は仏《ぶっ》教《きょう》の施設《しせつ》だね。仏教は、2500年くらい前に、インドで生まれた宗教《しゅうきょう》だ。人間は平等であり、心の迷《まよ》いを除《のぞ》けばこの世の苦しみや悩《なや》みから救われるという教えがある。やがて、中国や朝鮮《ちょうせん》に伝わり、およそ1500年前に日本に伝わった。でも現在《げんざい》の沖縄には県外ほど伝わっていない。遠く離《はな》れていることもあるけど、当時ココは日本という国とは違《ちが》う歴史を歩んでいた。沖縄に伝わるのは、さらに730年くらい後の話なんだ。

それはまだ、琉球《りゅうきゅう》王国が統一《とういつ》していない頃《ころ》。葦《あし》でできた小舟にのって、禅鑑《ぜんかん》という日本のお坊《ぼう》さんが、現在の西原町《にしはらちょう》小那覇《おなは》の海岸にたどり着いた。浦添《うらそえ》グスクに住んでいた英祖《えいそ》という王様が、グスクの西側に極楽寺《ごくらくでら》をつくり、住職《じゅうしょく》とした。これが沖縄の仏教伝来《でんらい》なんだ。

さらに時は流れ、琉球ではお寺がたくさんできる。といっても、首里《しゅり》城《じょう》近辺《きんぺん》に集中しているけどね。これは、王府《おうふ》によって大切にされたからなんだ。今でも首里にはお寺、あるいはお寺跡《あと》の旧跡《きゅうせき》が多いのはこのため。

日本もそうだけど、仏教が入ってくるということは、単に教えや、考え方だけではない。同時に新しい文化が入ってくることになる。今となっては、当たり前のことも、仏教が入ってくるまではなかったことがたくさんあるよ。今回から、しばらく仏教に関係する文化を紹介《しょうかい》していくさ〜ね。

塾長のシ〜ブン

江戸時代の日本では、必ずどこかのお寺の信者にならないといけない決まりがあった。その人が、仏教を信じている、信じていないにかかわらず…だ。今でも県外の人のお墓はほとんどの家が代々お寺にあるのはこのため。だからお寺が身近だし、先祖を調べる場合でも、お寺に聞きに行くのもこのため。かつて別の国だった沖縄はお寺が少ないのだ。

しゃかに仏教《ぶっきょう》②

夕方になると、パーランクーという太鼓《たいこ》の音が聞こえてくる。お盆《ぼん》に向けての、エイサーの練習をしているんだね。沖縄《おきなわ》の夏の音って感じ。お盆は仏教《ぶっきょう》の行事だよね。エイサーは、お盆にやる仏教芸能《げいのう》、盆踊《ぼんおど》りだ。お盆に迎《むか》えた祖先《そせん》の霊《れい》や精霊《せいれい》を楽しくにぎやかにあの世に送り返すための芸能だ。今では結婚式《けっこんしき》とか、お祝いの席でも踊《おど》ったりするけど、本来の意味を知っているお年寄《としよ》りは、お祝いでエイサーをやると、嫌《いや》がったりするけどね。

エイサーは琉球《りゅうきゅう》王国時代に、日本ではやった「念仏踊《ねんぶつおど》り」が、ルーツなのだ。沖縄にもともとあった芸能とチャンプルーされて、現在《げんざい》の形になったといわれる。エイサーで流れる音楽に〝念仏《ねんぶつ》〟や〝南無阿弥陀仏《なむあみだぶつ》〟という言葉が出てきたりするのはこ

のため。時代を経《へ》て、沖縄県内各地で、死者を送り出すいろいろなバリエーションが生み出され、仏教芸能であることを忘《わす》れてしまう。

また、沖縄以外でも、例えば福島県《ふくしまけん》の「じゃんがら踊り」など、同じ念仏踊りから、多彩《たさい》な盆踊りが生まれた。いわば、エイサーの兄弟が、日本中あっちこっちにあるってこと。日本から伝わり、沖縄で育《はぐく》まれたエイサーは、（盆踊りではなく、新しい芸能として）創作《そうさく》エイサーという名前で、今度は県外に広がりを見せている。最近だと、海外にもエイサーチームが結成されるほど人気がある。パーランクーの音は、世界に鳴《な》り響《ひび》いてゆくのだ！

しゃかに仏教《ぶっきょう》③

夏休みかよっ！　ハイサイ！　塾長《じゅくちょう》ヒトッチだ。諸君《しょくん》の家の近くにビジュルと呼《よ》ばれる場所はないだろうか？　あるいはビンズルとか、ビンジリーとか、少し呼び名《な》は変わるけど、沖縄本島《おきなわほんとう》を中心に、あっちこっちにビジュルという神様が祭《まつ》られた場所があるんだ。

だいたい、不思議な石とされるものが神様として、その石を納《おさ》める家のようなもの、祠《ほこら》の中に置いてあって、それを拝《おが》む。祠は、石が入る小さなものから、まるで家のような大きなものまで、いろいろ。場所によっては、この祠をティラと呼んでいる。ティラ…もうわかったね。ヒラヤチー？　ちがうよ、〝寺〟だね。はい、ビジュルとは、「びんずる」がなまったもの。びんずるとは、仏教《ぶっきょう》を開いたお釈迦《しゃか》様の弟子。

とても優秀《ゆうしゅう》なお弟子さんで、不思議な力が備《そな》わっていた。不思議な力にたより、やたら使っていたので、お釈迦様に怒《おこ》られて多くの人々を救うことを命じられる。これが日本に伝わり、病気を治《なお》したり、子宝《こだから》に恵《めぐ》まれたり、いろいろな悩《なや》みを解決《かいけつ》してくれる神様になるんだ。今でも、長野県《ながのけん》にある善光寺《ぜんこうじ》では、「びんずるさん」と呼ばれて親しまれているんだよ。琉球《りゅうきゅう》は日本の仏教の影響《えいきょう》を受けている。時代ははっきりしていないけど、ビジュルも、それを納める場所をティラと呼ぶのも、日本仏教の影響が琉球に入って来て、変化したものと考えられているよ。ビジュルは、１００以上あるんだよ。おもしろいでしょ。

しゃかに仏教《ぶっきょう》④

お坊《ぼう》さんを呼《よ》ぶ時はどんな時だろう？　ほとんどの人が、お葬式《そうしき》、あるいは法事《ほうじ》とか。

では、琉球《りゅうきゅう》王国時代の庶民《しょみん》はどうだったのだろうか。前にも話した通り、当時から仏教《ぶっきょう》は伝わっていたので、お寺もあったし、もちろんお坊さんもいた。でもね、お葬式や法事にお坊さんを呼べるって、当時でいうと、ものすごく裕福《ゆうふく》な家じゃないと呼べなかったんだな。庶民にとってあまり縁《えん》のないことだったようだね。

ところが、琉球の歴史書に面白いことが書いてあるんだ。「南風原《はえばる》宮平村《みやひらむら》にいる新垣《あらかき》というものが、家に帰る時に、お化《ば》けに惑《まど》わされてしまったので、お坊さんに頼《たの》んで、お化けを去らせた」（球陽巻八《きゅうようかん》）ってね。こんなこと、歴史書に載《の》ってるの？って思

うけど、書いてあるんだからしょうがないよね（笑）。はい、マジムン退散《たいさん》のために、お坊さんにお願いしているね。他にも日秀《にっしゅう》というお坊さんが、お経《きょう》の塚《つか》をつくって（これが浦添市《うらそえし》経塚《きょうづか》の由来《ゆらい》）マジムンを退散させているんだね。また、組踊《くみおどり》という芸《げい》能《のう》の「執心鐘入《しゅうしんかねいり》」という作品の中でも、お坊さん達が、お経で鬼《おに》を退散させるシーンがある。これらを合わせて考えると、琉球の時代、庶民にとってのお坊さんの存在《そんざい》が浮《う》き上《あ》がってくるね。マジムンを追《お》っ払《ぱら》うのに、お坊さんにお願いしていたようだ。お葬式ではなく、マジムンよけ？ 当時のお坊さんは、シーサーや石敢當《いしがんとう》みたいだねぇ（笑）。

しゃかに仏教《ぶっきょう》⑤

ただいま、いってらっしゃい、諸君《しょくん》の家、どこから出入りしている？　普通《ふつう》は玄関《げんかん》だね。でも玄関は、元をたどると仏教《ぶっきょう》の言葉なんだ。「簡単《かんたん》には計《はか》り知《し》れない世界へ入る道や入口」が元々の意味。転《てん》じて仏門《ぶつもん》にはいること、転じてお坊《ぼう》さんの家の入口の意味になる。だから大昔《おおむかし》は、玄関があるのは、お寺だけ。昔の日本の普通《ふつう》の家には、玄関はなかったんだよ。やがて武家屋敷《ぶけやしき》という武士《ぶし》の家に広がってくる。最初は信心《しんじん》深《ぶか》い武士らが真似《まね》して作ったんだね。これは日本の身分制度《みぶんせいど》とも関係していて、実は江戸《えど》時代まで、一般庶民《いっぱんしょみん》は玄関を持つことは禁《きん》じられていたんだよ。日本の一般的な家に玄関ができてくるのは、明治の時代にはいってから。身分制度が解《と》かれてからだ

ね。玄関がある家の方が、かえってめずらしかったくらいなんだよ。

では、当時の別の国、琉球《りゅうきゅう》の庶民の家はどうだっただろう…日本と同じで、玄関はなかったんだよ。いまでも、古い民家《みんか》には、玄関を構《かま》えない作りが残っている。縁側《えんがわ》に石が置いてあって、そこで履物《はきもの》を脱《ぬ》いで上がって、また出る時も、縁側から出ていく。江戸時代までの日本の家と同じだ。沖縄でも、琉球から日本になって、しだいに玄関をかまえることが広がっていったんだ。大昔からあるようで、実は最近のこと。

何気《なにげ》ないことが、意外にも元々はお寺、仏教と関係していたって興味《きょうみ》深いよね。

しゃかにか仏教《ぶっきょう》⑥

琉球《りゅうきゅう》には昔《むかし》からお寺があったんだけど、外国からやって来た人が建《た》てたお寺もあったんだ。今から600年ほど昔。琉球王国として統一《とういつ》した尚巴志《しょうはし》という王様の頃《ころ》。その即位《そくい》を祝うため、今の中国から使者《ししゃ》、柴山《さいざん》という人がやって来た。この方、何度か琉球に来ているんだけど、3度目の渡航《とこう》の時、嵐《あらし》に巻《ま》き込《こ》まれてしまったが、命からがら、琉球にたどり着くことができた。そこで、柴山、なんとポケットマネーでお寺建てちゃった。どうやら、荒《あ》れ狂《くる》う波に漂《ただよ》う船の中で、仏様《ほとけ》に祈《いの》り続けたらしい。不思議なことに、柴山は神の光を見たという。そして波は静まったと…これは、仏様のご加護《かご》があったということで、恩《おん》に報《むく》いるべく、琉球の海岸にお寺を建てたという。その名も大安禅寺《たいあんぜんじ》。名前が〝いかにも〟な感じがするね。「命《ぬち》どぅ宝《たから》」って思ったんだろうね。だけど、柴山らが帰国した後、お寺はすたれてしまって、廃寺《はいじ》になったようだ。だからこの大安禅寺は、今となっては、どこにあったかはわからなくなってしまったんだ。でも柴山の残した言葉から、海の近くであることは間違《まちが》いなさそうだ。諸説《しょせつ》あるけど、最有力候補《こうほ》は、那覇《なは》市《し》波上宮《なみのうえぐう》の隣《となり》にある現在の護国寺《ごこくじ》ではないかといわれている。

すたれてしまったけど、それから、およそ100年後にやって来た日秀《にっしゅう》という日本（当時は外国）のお坊さんによって再建《さいけん》されたということらしい。

塾長のシ〜ブン

柴山という人は、琉球に4回もやってきている。かつて船旅は命がけ。中国から派遣されてた柴山のような使者も同じ。なんだったら琉球の近海には、一度落ちたら戻れない、海の滝つぼみたいな場所があると信じられ、琉球への任務が決まると神様に祈ったり、いけにえとして羊や豚を海に沈めたりするくらいだった。

しゃかに仏教《ぶっきょう》⑦

もうすぐ、旧盆《きゅうぼん》だね。沖縄《おきなわ》では王国時代からお盆《ぼん》が行われていた。では、一番古い記録ではいつごろだろうか。

『李朝実録《りちょうじつろく》』という朝鮮《ちょうせん》王朝（今の韓国《かんこく》と北朝鮮《きたちょうせん》）の記録に書いてあった。1463年、嵐《あらし》に遭《あ》い、漂流《ひょうりゅう》していた朝鮮の人たちは、久米島《くめじま》の人に助けられた。まもなく沖縄本島《おきなわほんとう》に移送《いそう》されて、首里城《しゅりじょう》も訪《おとず》れている。この記録が琉球見聞録《りゅうきゅうけんぶんろく》といった感じでおもしろい。

その中で7月15日の記録。はい、ウークイの日だね。「仏寺《ぶつじ》にまいる。亡《な》き親の姓《せい》名《めい》が書かれたものを、脚《あし》付きの台の上に置いていた。床《ゆか》に米そなえ、竹葉《ちくよう》をもって地に水をまく。僧《そう》は読経《どきょう》し、民《たみ》は礼拝《れいはい》する」って書いてある。

位牌《いはい》を置く台を設置《せっち》しているので、盆《ぼん》の飾《かざ》り棚《だな》を作ったようだね。盆棚《ぼんだな》とか、精霊棚《しょうりょうだな》といわれている棚で、盆の期間中、仏壇《ぶつだん》から取り出した位牌、お供《そな》え物《もの》を置くための棚。これは日本的なスタイルだね。そしてお寺で行われていたんだね。位牌を持って行ったのか、お寺に預《あず》けているのか、ここからは読み取れないけど、盆棚に飾《かざ》り、お経《きょう》を唱《とな》えるお坊さんと一緒《いっしょ》に拝《おが》む。各家庭でやる現代《げんだい》とは違《ちが》うんだね。

　でもね、これは一部の上流階級だけだろうね。というのは、一般《いっぱん》の人は、この時代に位牌持っていない。この見聞録から３００年後の記録では、一般の人は位牌を持っていなくて、お線香《せんこう》を立てる香炉《こうろ》だけというのがあるのだ。これまた今と全然違うんだね。

グラッチェなグラス

どうしてこの場所に、こんなものが？　琉球《りゅうきゅう》の歴史は、書かれたものだけでなく、発掘《はっくつ》調査《ちょうさ》によっても研究されているんだ。そしてたまに、面白いものが発見されることもあるよ。

県立首里《しゅり》高校は、かつて中城御殿《なかぐすくごてん》という王子の邸宅《ていたく》だった。３００年前の古い首里の地図があって、グラウンドあたりに邸宅があったことはわかっていた。今回、土の下に埋《う》もれた遺跡《いせき》を調査したら、なんと、ガラスのかけらが出てきた！　え？　琉球ガラスがあるから何もめずらしくもない？　いやいや、これね、ベネチアングラスあるいは南ヨーロッパのものではないかといわれている。ベネチアといえば、今のイタリアだぁ。イタリアといえば、ルネッサーンス！　レオナルド・ダ・ヴィンチや、ミケランジェロ、ガリレオが活躍《かつやく》する時代だね。はい、その頃《ころ》のグラスのかけらなんだよねっ！　元はワイングラスなんだって。しかも、出てきたのは、ごみ捨《す》て場跡《ばあと》からなんだよねっ（笑）。たくさんの貝や魚の骨《ほね》、割《わ》れた食器などに混《ま》じって出土《しゅつど》したぞ。

どうやら、このごみ捨て場、王子邸宅が建築《けんちく》される少し前のものということなので、王子が持っていたかは疑問《ぎもん》だけど、絶頂期《ぜっちょうき》にあるイタリアのワイングラスを使っていた人がいたということになるね。琉球の人が、どうやってベネチアングラスを手に入れたのかはわからないけど、当時の琉球は、それだけ力を持っていたことがわかった。んで、琉球ってオシャレだね。

塾長のシ～ブン

ワイングラスの発見当時、西洋とつながりのあった大分県の大友宗麟（キリシタン大名）の屋敷跡から出たヴェネツィア製のワイングラスと同じものでは？といわれた。しかし、成分分析をしたところ、ガラスの成分が少し異なることが分かった。デザインはそっくりで、当時ヨーロッパで流行していたものではなかっただろうか。

菊《きく》が効《き》く

9月9日が近づいている。重陽《ちょうよう》の節句《せっく》だね。昔から、月と日付の数字が奇数《きすう》でそろう日が節句となる。3月3日（上巳《じょうし》の節句《せっく》）、5月5日（端午《たんご》の節句《せっく》）、7月7日（たなばた）1月は元日があるので、特別で、1週間たった7日を人日《じんじつ》の節句《せっく》としている。

これは古代中国の陰陽五行《いんようごぎょう》という考え方からきている。陽《よう》（＋）と陰《いん》（－）はバランスが大事。奇数は陽数で、重なると極端《きょくたん》に陽にかたよることとなるので、厄払《やくばら》いをする日としていたようだ。しかし、節目節目で厄《やく》を落とすこと、それは次の節目まで福を呼《よ》び込《こ》むこととなるから、いつのまにか反対の意味になって、めでたい日と変化したんだ。だから節句はお祝いするでしょ。

琉球《りゅうきゅう》王国時代に書かれた『琉球国由来記《りゅうきゅうこくゆらいき》』という書物《しょもつ》には、「重陽の節句に、円《えん》

覚寺《かくじ》から菊酒《きくざけ》を奉《ほう》ず」とある。戦争で焼失してしまったけど、首里城《しゅりじょう》のとなりにあった、琉球最大のお寺。その円覚寺より菊酒が献上《けんじょう》されていたんだね。これも中国から入った文化で、菊酒は〝仙《せん》人《にん》の飲み物〟として長寿《ちょうじゅ》の源《みなもと》と信じられていた。そこで菊《きく》の花や葉っぱを浮《う》かべたお酒を飲んで、厄払いをして、国王の長寿を祈《いの》っていたってわけ。

　これは日本の宮中《きゅうちゅう》でも同じことをやっていたよ。重陽の日、天皇《てんのう》が家臣《かしん》をいたわり、菊酒を振《ふ》る舞《ま》う重陽の行事が平安時代には盛《さか》んだった。これが「観菊会《かんぎくかい》」となり、今の〝秋《あき》の園遊会《えんゆうかい》〟につながるんだね。

ピンとこないで来る

暑さのピークは過《す》ぎたようで、少し涼《すず》しくなってきたね。それもそのはず、暑さ寒さも彼岸《ひがん》まで。もうしばらくすると、お彼岸だ。だからか〜。…しかし、お彼岸？よく聞くけど、ウチナーンチュには今ひとつピンとこない。あと、お彼岸が近くなると、テレビでお線香《せんこう》の広告が流れる。ヒトッチは小さい頃《ころ》からこれが不思議だった。お彼岸というのは、春分の日、秋分の日付近で年に2回ある。付近というのは、その日を挟《はさ》んで前後3日間の1週間がお彼岸。たとえば、2015年の秋分の日は、9月23日だね。3日前の9月20日が彼岸入り、後の26日が彼岸明けとなる。

彼岸は、日本独自《どくじ》の行事なんだよ。昼と夜が同じ時間、太陽が真東から昇《のぼ》り、真西

に沈《しず》むこの日は、あの世（彼岸）が近くなるということにつながると信じられていたわけ。だからお墓参《はかまい》りする。そしてお線香が必要になると。でもさ、沖縄《おきなわ》に住んでいると、お彼岸にお墓参り…。一部やる地域《ちいき》もあるけど、盛《さか》んではない。しかし、おとなり奄美諸島《あまみしょとう》では、墓参りをする習慣《しゅうかん》がある。これはどうしてだろうか？

かつて奄美含《ふく》め沖縄は、琉球《りゅうきゅう》という別の国だった。だから習慣が異《こと》なるってわけね。でも１６０９年に薩摩侵攻《さつましんこう》があってから、奄美は薩摩領《りょう》となったため、日本の風習《ふうしゅう》が徐々《じょじょ》に広がっていったわけね。沖縄でもお彼岸をやる地域は北部に多い。北の文化の影響《えいきょう》を受けているってこと。

妖怪日

王国時代から、ヨーカビーという時期はとても不吉《ふきつ》だ。ヨーカビーとは妖怪日《ようかいび》という字をあてたりするんだね。そ、旧暦《きゅうれき》8月8日~11日、地域《ちいき》によっては15日の十五夜《じゅうごや》まで、琉球《りゅうきゅう》では妖怪《ようかい》=マジムンが出てくる時期なんだな。ほとんど忘《わす》れ去《さ》られてしまったけど、シバサシとか八月《はちぐゎち》カシチーという名前で残っている地域もある。

もちろん、みんなこまるわけね。なので、挿絵《さしえ》のようなゲーンというスキで作った魔《ま》よけを作り、家の玄関《げんかん》に挿《さ》しておく。これがシバサシ(柴挿し)。赤飯《せきはん》を炊《た》いて仏壇《ぶつだん》にお供《そな》えして、食べる。これがカシチー(甑《こしき》=おこわを作る道具)。

妖怪対策《たいさく》、琉球《りゅうきゅう》王国時代は国家行事だったりする(笑)。マジムンで、いやマジで。首里城《しゅりじょう》では、夜になると、時報《じほう》の鐘《かね》を鳴らすのをやめ、退治《たいじ》の見張《みは》りを立てていた。また、魔よけとしてのゲーンが献上《けんじょう》されていたんだよ。これは1713年に書かれた『琉球国由来記《りゅうきゅうこくゆらいき》』の1巻《かん》〝王城之公事《おうじょうぬくーじ》〟八月に記述《きじゅつ》されている。公事とあるので、旧暦8月に毎年やっていた国家行事ね。

この時期は夕方にホーチャク=爆竹《ばくちく》を鳴らしていた。大きな音でマジムンを追《お》っ払《ぱら》っていたわけね。ヒトッチが小さい時まであったけど、この時期だけはバンバン鳴らしていいのだ！　おばあちゃんから、ホーチャク代としておこづかいまでもらえたのを覚えている。今でもゲーンを挿している家やお店がチラホラあるよ。連休中に道を歩くときは注目してみて。

塾長のシ〜ブン

琉球は、国を挙げてマジムン対策をしていたって、すごいよね。科学が発達してくると、自然現象も説明できることとなり、マジムンは迷信とされる。昔はそれがないから、全てマジムンのせいになるわけ。不可解なことは全部マジムンだ。新型コロナの流行だって、ウイルスではなくマジムンの仕業ってことになっただろうね。

満月カナー

今日は旧暦《きゅうれき》の8月15日。そうだ、今夜は中秋《ちゅうしゅう》の名月《めいげつ》、十五夜《じゅうごや》だね。月の模様《もよう》は、ウサギが餅《もち》をついているというね。これね、韓国《かんこく》でも一緒《いっしょ》なんだよ。ではお隣《となり》、中国では…ヒキガエル。全然違うね。また、同じウサギでも、アフリカではウサギがひっかいた傷。アメリカや北ヨーロッパでは横から見た女性《じょせい》、南米ではロバ、南ヨーロッパではカニ。中東ではライオン。インドや南アメリカの多くの国では、ワニなんだってさ。

では沖縄《おきなわ》は？　日本の文化と中国の影響《えいきょう》が強いといわれる…からウサガエル（笑）そんなことはないね。沖縄では、アカナー。アカナーとは、マジムン＝妖怪《ようかい》なんだっ

て。そしてこのアカナー、なんとキジムナーの弟なんだってさ。であれば、木に住んでいるはず。

では、どうして月に住むことになったのか。キジムナーのことを大宜味村《おおぎみそん》ではブナガヤとよんでいるけど、そこには、アカナーの伝説が残っている。

アカナーは猿《さる》と一緒に釣《つ》りへ行った（鬼《おに》という話もある）けど、いたずらが過《す》ぎて猿に殺されそうになる。困ったアカナーは、月の神様にお願いして、月に逃《に》がしてもらう。以来、月の神様のために水くみや塩づくりに精《せい》を出しているという。だから、沖縄では、月の模様は、アカナーがおけを持った姿《すがた》だという。世界中の人が、同じ月を見ていても、文化によって違うものを連想するってわけ。

ヒトッチは何処《どこ》から①

お父《とう》さんとお母《かあ》さんには、それぞれ父さんとお母さんがいて、つまりおじいちゃん、おばあちゃんがいて、おじいちゃんとおばあちゃんにも、それぞれにお父さんとお母さんがいて、そのまた…。僕《ぼく》らの先祖《せんぞ》はいったいどこまでたどれるのだろう。そんなことを、諸君《しょくん》も1度は考えたことがあるだろう。

ある時期に共通の先祖から、チンパンジーと猿人《えんじん》に分かれてとか聞いたことあるかな？　しかし、猿人が登場するまで、地球は5回も大量絶滅《ぜつめつ》が起きているのだ！　その度に、地球では大繁栄《だいはんえい》していた生き物が一掃《いっそう》されて、その後生き残った生物が繁栄したり、あるいは進化したりして、命をつないできた。微生物《びせいぶつ》が主役の時代、昆虫《こんちゅう》が主役の時代、両生類《りょうせいるい》、爬《は》虫類《ちゅうるい》、恐竜《きょうりゅう》が主役の時代、そしてようやく哺《ほ》乳類《にゅうるい》の時

代を経《へ》て、700万年前に現在《げんざい》わかっている最古の猿人が登場するんだ。途方《とほう》もない時間がかかっているんだ。

でもね、700万年といっても、地球が誕《たん》生《じょう》してから46億年《おくねん》だから、それから考えるとつい最近の出来事《できごと》なんだよ。もっというと、これは猿人であって、ヒトではない。何種類もの猿人が登場してくるけど、僕らヒトより、まだまだチンパンジーに近い存在《そんざい》だったようだ。猿《さる》が住むようなジャングルから、草原に生活の場所を移《うつ》していて、猿よりは知能《ちのう》は高く、2足歩行ができるという特徴《とくちょう》をもっていたよ。つづく。

ヒトっちは何処《どこ》から②

今から700万年。僕《ぼく》らのルーツとなる猿人《えんじん》が生まれた。その後、猿人↓原人《げんじん》↓旧人《きゅうじん》↓新人（現代人《げんだいじん》）の流れで登場してくる。新人、つまり今の僕らホモ・サピエンスが出てくるのがたった20万年前の話。あ、ヒトッチ今、地球の歴史46億年《おくねん》レベルで、〝だった20万年前〟っていってるからね（笑）。

さて、そのホモサピエンス。生まれた年代はわかった。では場所は？　うん今のところアフリカ大陸が有力だ。アフリカで生まれて世界中にすみかを広げ、それぞれの場所に暮《く》らすうちに、いろいろな体の特徴《とくちょう》（顔つき、肌《はだ》の色、目の色）を獲得《かくとく》していったわけ。

もちろん、そのままアフリカに残ったグループもいたが、今から5万年前に移動《いどう》を

はじめ、ヨーロッパに移動するもの、オーストラリアに移動するもの、アジアに移動するもの、はたまたアメリカ大陸に移動するもの。最終的に1万3千年前に南アメリカの端《はし》っこまで人類は広がっていった。基本的《きほんてき》に食料を求めて移動したとされているが、もちろん好奇心《こうきしん》にまかせて旅に出て、そこにすみついちゃうのもあっただろう。当然、失敗して移動中に死んじゃうこともあっただろう。

こうして僕らヒトは、地球規模《きぼ》旅、グレートジャーニーを完成させる。壮大《そうだい》な時間の経過《けいか》とともに、うまく適応《てきおう》しながら広範囲《こうはんい》に暮らしている。それは地球上に住む動物の中では、僕らホモサピエンスだけなんだよな。

ヒトッちは何処《どこ》から③

遺伝子《いでんし》を調べると、僕《ぼく》ら人類は、20万年前にアフリカで生まれたってお話の続き。今週は沖縄《おきなわ》にたどり着いた人類。およそ15万年ほどアフリカに暮《く》らしていた人類だったが、環境《かんきょう》の変化でいよいよアフリカ大陸を飛び出した。歩いて、歩いて、何世代にもわたり途方《とほう》もない距離《きょり》を歩いて、ついに5万年前の東南アジアに到着《とうちゃく》したんだ。氷河期《ひょうがき》だった時代だから、現在《げんざい》のインドシナ半島、インドネシアのスマトラ・ジャワ・ボルネオ島などが、陸続きだったんだ。「アジアのふるさと」とよばれる大陸、スンダランドだ。後に海水面の上昇で現在の地形になった。スンダランドの現在のマレーシアでは、人の暮らした洞窟《どうくつ》が見つかった。高さ60メートル、広さ首里城《しゅりじょう》の2個《こ》分

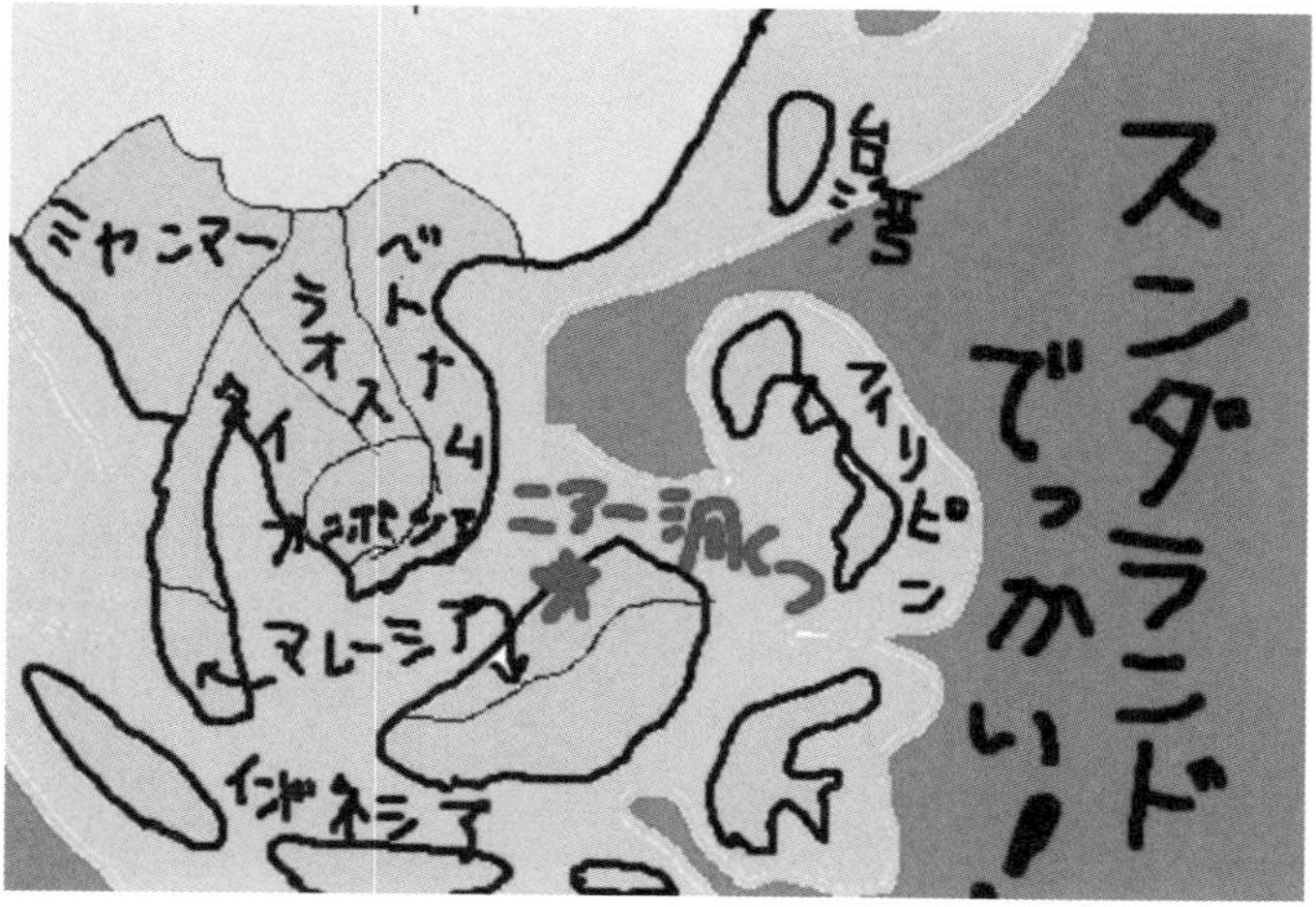

もの巨大な洞窟で暮らしていたようだ。そしてここから、一部はさらに北上したようだ。

ついに人類は、沖縄にたどり着いた。どこ？それは現在の那覇《なは》市《し》小禄《おろく》。ゆいレールの奥武山駅《おうのやまえき》近く。急に身近になったね（笑）。山下洞穴《やましたどうけつ》という場所があって、そこから〝もも〟と〝ずね〟の骨《ほね》が見つかった。一緒《いっしょ》に見つかったシカの骨などから、3万2千年前のヒト（子供《こども》）と考えられている。現在の日本で発見されている一番古いとされる人骨《じんこつ》だ。ってことは、2万年ほどかけて、アフリカから歩いて沖縄にたどり着いているってことだね。陸地でつながっていたとはいえ、びっくりだよね！

ヒトッチは何処《どこ》から④

今から3万2千年も昔《むかし》、沖縄《おきなわ》にはヒトが住んでいた！　山下洞人《やましたどうじん》と呼《よ》ばれている。調べてみると、3万2千年前に生きていたヒトだってことがわかったって話だったね。

ところで、ヒトッチ、先日飛行機に乗って、石垣島《いしがきじま》に行ってきたよ。那覇《なは》空港からおよそ1時間。２０１３年に開港した石垣空港に到着《とうちゃく》した。まだ新しいからピッカピカだったよ。んでさ、この新空港の建設現場《けんせつげんば》で、すごいものが発見されたんだ。建設中に遺跡《いせき》が見つかった！　しかも人骨《じんこつ》まで！　そう、ヒトが住んでいたんだ。空港建設までしられてなかったけど（笑）、白保竿根田原洞穴《しらほさおねたばるどうけつ》という場所だ。

この骨《ほね》から直接、年代測定《そくてい》ができた。どうやら2万年前のヒトだってことがわかったんだよ。一時、新聞で大きく取り上げられたから、知っている人もいるだろう。前

回紹介《しょうかい》した山下洞穴人《やましたどうけつじん》よりは新しいけど、2万年前には石垣島にヒトがいたことがわかった。さらに、DNAがとれた！ これは遺伝情報《いでんじょうほう》がわかるということ。つまりルーツを探《さぐ》ることができるわけだ。調べてみると…。日本以外では、東南アジアや、中国の南部に見られるグループだ。つまり南方系《けい》だ。南アジアからやって来たヒトだったとすると。ハイ、前回話したスンダランドから渡《わた》って来た人たち？ってことにつながるよね～。でもね、まだまだ細かいことが分からなくて、現在《げんざい》も滑走路《かっそうろ》の近くで調査《ちょうさ》が続いているんだよ。

つづく。

ヒトッチは何処《どこ》から⑤

3万年ほど昔《むかし》。アフリカに起源《きげん》をもつ人類は、すでに沖縄《おきなわ》に到達《とうたつ》していたという話だったね。稲作《いなさく》などの農耕《のうこう》が始まる前のはるか昔だ。

そんな時代で最も有名なのは、なんといっても港川人《みなとがわじん》の骨《ほね》だね。沖縄本島《おきなわほんとう》南部、現在《げんざい》の八重瀬町《やえせちょう》、具志頭《ぐしちゃん》の港川《みなとがわ》で発見されたのでそう呼《よ》ばれている。歴史の教科書にも必ずと言っていいほど出てくるよね。日本人がどこからやって来て、どこへ行ったのか。大きなカギを握《にぎ》る化石人骨《かせきじんこつ》といわれている。5体以上の人骨が完全に近い形で残っていたからだ。特に「一号」とよばれる骨は、ほぼ全身がそろっていた。ということは、いろいろわかってくる！

一号を調べてみると、身長が153センチくらいの男性《だんせい》であることがわかった。現

在の成人男性《せいじんだんせい》の平均《へいきん》身長が170センチくらいだから、ずいぶんと小さい。骨格《こっかく》は上半身・腕《うで》が細身《ほそみ》で、下半身がガッチリしていた。手のひらもしっかりしてた。

これは強い脚力《きゃくりょく》を持っていて、下半身をよく使う動きをしていたことが予想できるね。おそらく、サンゴ礁《しょう》の内海《ないかい》、ウチナーグチでイノーというけど、その辺を歩き回っていたのだろう。イノーの引《ひ》き潮《しお》で逃《に》げ遅《おく》れた魚や、貝などを採《と》って暮《く》らしていたはずだ。ちょうど、スクワット運動をしていたといえばわかりやすいだろうか。港川人は海アッチャーなのだ。確《たし》かに沖縄のきれいな海は、今でも潮干狩《しおひが》りで結構《けっこう》なものが調達《ちょうたつ》できるもんね。

ヒトッチは何処《どこ》から⑥

1万8千年前に沖縄《おきなわ》にいたヒト。港川人《みなとがわじん》。全身の骨《ほね》が見つかっており、保存状態《ほぞんじょうたい》もよくいろいろなことがわかってきたよ。頭蓋骨《ずがいこつ》もみつかっているので、顔つきもわかっている。頭の骨は、生物としての特徴《とくちょう》が出やすいといわれているんだな。港川人の頭は、現代人《げんだいじん》より少し大きめ。顔は上下の長さが短い。額《ひたい》がせまい。眉間《みけん》が突《つ》き出《だ》し気味《ぎみ》で、鼻筋《はなすじ》は高かったようだ。ってことはホリが深い…うん。なんかイケメンだ（笑）。最近の調査《ちょうさ》では、今でもオーストラリアに住んでいるアボリジニ人《じん》に近いのではという研究もある。また、前歯が抜《ぬ》けていた。しかも抜けた跡《あと》が自然に元に戻《もど》っている状態《じょうたい》だった。死んでから欠損《けっそん》したのではなくて、生きている間に抜

けたことがわかる。これは抜歯《ばっし》の習俗《しゅうぞく》があった可能性《かのうせい》がある。大人《おとな》になった証《あかし》として、歯を抜くんだ。今じゃ考えられないけど、そんな風《ふう》習《しゅう》が大昔《おおむかし》にあった。イケメンなのにハーモー（歯ナシ）にされちゃうのだ（笑）

抜歯の風習を考えるとさらに面白い。港川人が生きていた時代より、５千年も後に日本で始まる縄文《じょうもん》時代。見つかった縄文人《じょうもんじん》の骨から、抜歯の風習があったことがわかっている。港川人が同じ風習を持っていたとすれば、日本最古の例ということになるよね～…。んで、んで、となると、港川人ってやっぱり、日本人のルーツなのぉ？ってなるよねぇ。つづく。

ヒトッチは何処《どこ》から⑦

ほぼ完璧《かんぺき》な形で見つかった、港川人《みなとがわじん》。1万8千年前に沖縄《おきなわ》にいたことがわかったんだけど、わからないこともまだまだたくさんあるんだよね。

例えば港川人の骨格《こっかく》は、はっきりわかっているのだけど、石器《せっき》などの道具が、ほとんど見つかっていなかったんだな。これは、とても不思議なことなんだ。沖縄は、日本国内でも、人骨化石《じんこつかせき》がよく見つかる場所だ。ヒトが生きていたのなら、道具を使っていたはず…なのに、沖縄では、製作《せいさく》、使用された道具、あるいはその手がかりさえ、ほとんど確認《かくにん》できないのだ。とてもミステリアスで、研究者にとっても悩《なや》ましいこと。

また、港川人のいた1万8千年前以降《いこう》、長い間、人が住んでいた気配《けはい》がないのだ。道具はもちろん、人骨もでてこない。港川人はどうなったのか。絶滅《ぜつめつ》してしまったのか、はたまた全員どこかに移動《いどう》してしまったのか。あるいはまだみつかっていないだけなのだろうか。南島爪形文土器《なんとうつめがたもんどき》がでてくる8千年前までのこの島には人の気配がしない空白の1万年が続いていることになる。1970年の港川人の大発見から長い間手がかりなし。沖縄の旧石器《きゅうせっき》時代、港川人以降を語られることがなくなった2009年、観光施設《しせつ》「ガンガラーの谷」から発見があった。ここは港川人が見つかった場所からも近い。しかも、なんと道具が出てきたということらしい。いったいどういうものか。

塾長のシ〜ブン

今では教科書にも載っている「港川人」。発見者は、ガソリンスタンドを経営者であり、アマチュア研究者の大山盛保さん（1912年〜1996年）。アマチュアの発見に最初、世間は冷ややかだったという。まさか1万8千年も前の人骨化石がみつかるとはね。出身地の北中城村ではその功績をたたえ、生家跡に生誕百年を記念して石碑を建てたよ。

ヒトッチは何処《どこ》から⑧

沖縄本島南部《おきなわほんとう》には、玉泉洞《ぎょくせんどう》という有名な鍾乳洞《しょうにゅうどう》があるね。すぐ近くには、ガンガラーの谷もある。そこは、玉泉洞のような洞窟《どうくつ》が崩《くず》れて、むき出しになった場所。入り口にはカフェがあって、奥《おく》は探検《たんけん》ツアーが楽しめる。そしてココは、港川人《みなとがわじん》が見つかった場所からも近いということもあり、発掘《はっくつ》すると何か出てくるのではないかと以前から期待されていた場所だったんだ。

港川人の発見から長い間、石器《せっき》などの道具が発見されず、人骨《じんこつ》もみつからない。港川人はここ沖縄で、石器文明をもっていなかったのか？　などとうわさされる日々が続いていたんだ。そして２００７年から08年にかけて、探検コースの最後の武芸洞《ぶげいどう》という場所から人骨が見つかった！　まわりを石で囲まれた石の棺《ひつぎ》で埋葬《まいそう》されていたん

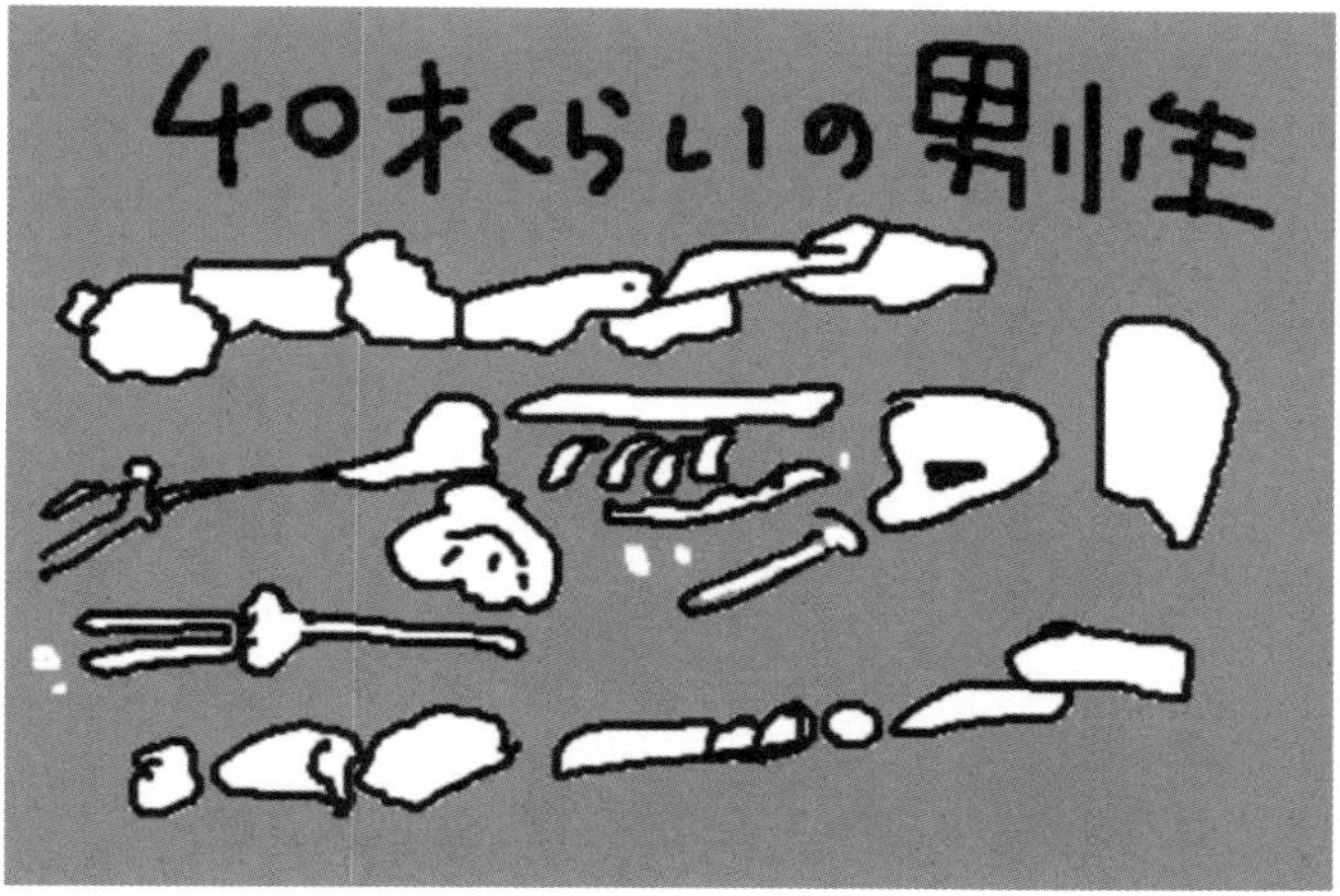

だ。

港川人が発見された場所からも近いから、当然期待されたが、調べてみると3千年前の人骨。港川人よりは、最近のものだった。それでも貴重《きちょう》な発見だ。このあたりで、今から7千年くらい昔から3千年くらい昔まで、武芸洞に人がいたことがわかった。また、石の棺で埋葬されていたことも興《きょう》味《み》深いね。腰《こし》のあたりにシャコ貝《がい》が置かれていた。ヒトの感情《かんじょう》や信仰《しんこう》などを感じる。他にも4千年前の火を使った後など、多くのことが発見された。そしてやっぱり石器は見つからなかったんだ。

ところがこの後、驚《おどろ》くべき発見が！　つづくのだ。

ヒトッチは何処《どこ》から⑨

沖縄《おきなわ》には、アフリカを出て、かなぁ〜り古くからヒトが住んでいたことがわかっているけど、道具としての石器《せっき》がほとんど見つかっていなかった。那覇市小禄《なはしおろく》にある3万年前の遺跡《いせき》（山下洞穴遺跡《やましたどうけついせき》）から見つかった石器3点だけ。旧《きゅう》石器時代の人骨《じんこつ》は見つかるのに、肝心《かんじん》な石器がないわけですな。ここで前回続き、観光施設《しせつ》のガンガラーの谷の登場だ。観光施設ではあるが、遺跡でもあることから、発掘調査《はっくつちょうさ》が続いてたってコトでした。

2011年の調査で、やっとというか、ついにというか、とにかく出たんだ！　お化《ば》けじゃないよ、石器だよ。この時代の人が使っていた道具。でもパッと見が石のかけらみたいだし、その辺の石と何が違《ちが》うの？　って思うような石のかけら。詳《くわ》しく調

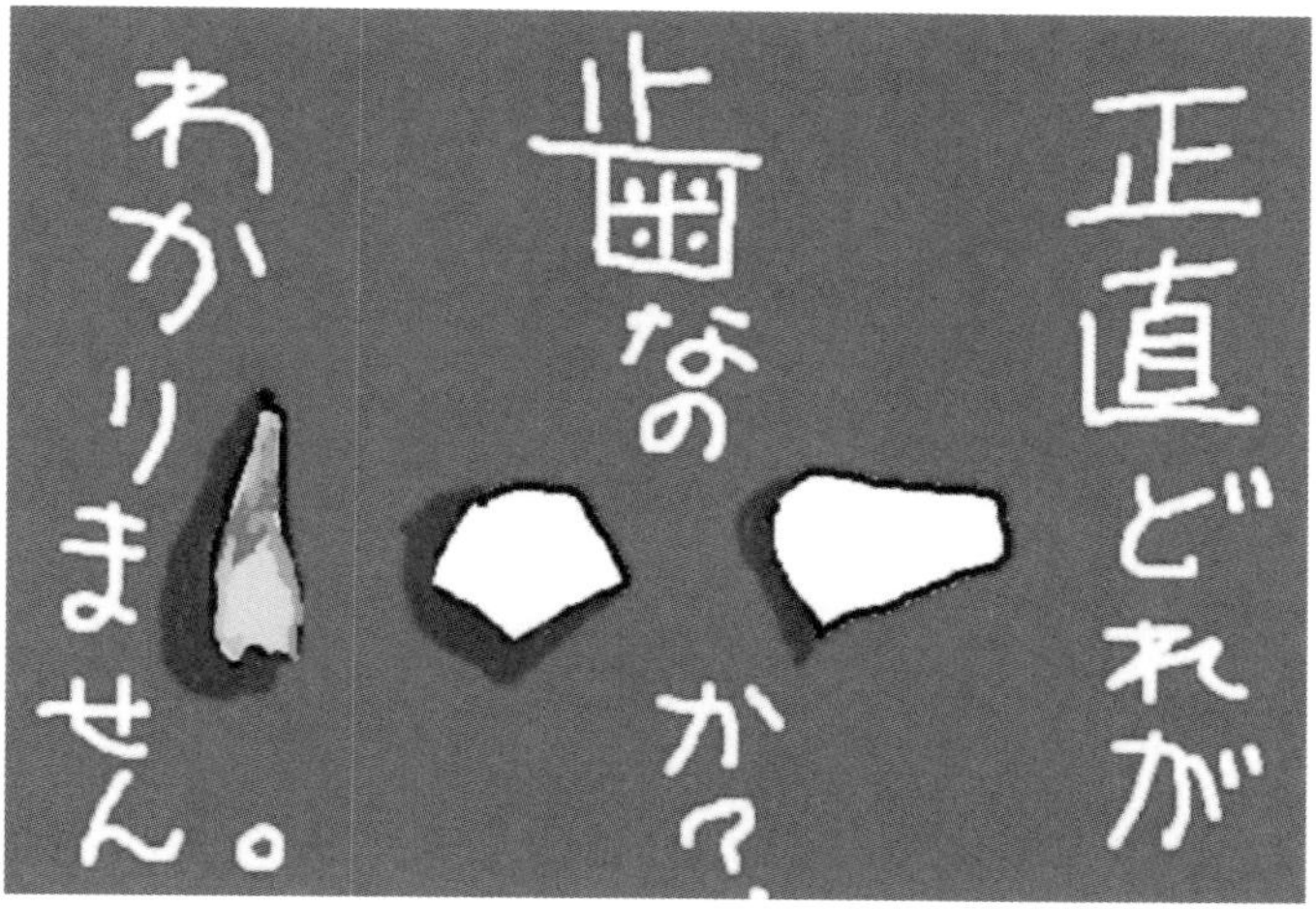

べてみると、材質《ざいしつ》が石英《せきえい》ということがわかった。これは驚《おどろ》きだった。石英自体はそれほどめずらしいものではない。透明《とうめい》のモノを水晶《すいしょう》と呼《よ》んだり、紫色《むらさきいろ》はアメシストといわれたりするが、聞いたことがあるだろう（実はアフリカ時代のヒト類《るい》の最古の道具も石英で作られていた）。なんでこれが驚きかって？　発掘現場《げんば》付近からは石英は取れないからだ。つまり、誰《だれ》かが運んできたということ。そして細かく調べると1万4千年前のものであることがわかった。はい。前回話した、あの港川人《みなとがわじん》以降《いこう》の空白の1万年を埋《う》める時代だ！　さらに石器と合わせて、同じ層《そう》からヒトの歯も見つかったんだよ～！

ヒトッチは何処《どこ》から⑩

およそ20万年前にアフリカに僕《ぼく》らのご先祖様《せんぞ》、ヒトが誕生《たんじょう》して、世界中に広がっていったね。それは、食べ物を求めての移動《いどう》と言ってもいいだろう。狩猟採集《しゅりょうさいしゅう》といって、動物の狩《か》りや、植物の実や芽、根などを集め、石器《せっき》を使って食べていた時代が長い間《あいだ》続いた。

今からおよそ1万年前にヒトはさすらいの旅をやめて、土地を耕《たがや》して作物を育てながら、同じ場所に住居《じゅうきょ》をつくって住むようになる。これは同じ時期に氷河期《ひょうがき》が終わり、温暖《おんだん》な気候になったのと関係があるらしい。農耕《のうこう》社会が始まるんだね。

農業が始まるとヒトの暮《く》らしに大きな変化が起きる。定住し、住居を作る技術《ぎじゅつ》が発達する。動物を家畜《かちく》として養《やしな》うようになる。穀物栽培《こくもつさいばい》はチームを編成《へんせい》しないとでき

ないので、家族だけでなく、大きな共同体となり、村落《そんらく》ができてくる。共同体をまとめあげるリーダーが必要になってくる。またより多くの収穫《しゅうかく》ができるようにと神様に祈《いの》ることも出てくる。収穫できたら、今度は感謝《かんしゃ》のお祭り、行事も出てくる。収穫した穀物（お米や麦など）は保存《ほぞん》ができる。天候不良に備《そな》えて保存しておくことになるが、余《あま》った分は、他のものと交換《こうかん》できる。そう、お金のようになるってことね。栄養が満たされると人口の増加《ぞうか》につながる。さらに村落が拡大《かくだい》する…。

沖縄の農耕社会は遅《おそ》くて、1千年くらい前からだけど、やはり同じような生活変化が起きたんだよ。

イケメン王㊤

今回から、琉球《りゅうきゅう》王国時代の尚真王《しょうしんおう》の話。王の命日《めいにち》が1526年12月11日（旧暦《きゅうれき》）。490年くらい前の今頃《いまごろ》に亡《な》くなった。1465年に首里《しゅり》で生まれ、1477年、なんとわずか12歳《さい》で即位《そくい》（王様になること）した。その後、50年の間、琉球を治《おさ》め、黄金期を築《きず》いたとされる。いったいどんな王様だったのだろう…。気になるよね。

少年時代の尚真王、「李朝実録《りちょうじつろく》」という古い書物《しょもつ》に出てくる。ちょうど即位した年、漂流《ひょうりゅう》して与那国島《よなぐにじま》で救助された朝鮮《ちょうせん》の人たちがいた。八重山《やえやま》方面から宮古島《みやこじま》へ、そして沖縄本島《おきなわほんとう》へと送られてきた。そこで、尚真王率《ひき》いる行列に遭遇《そうぐう》していて、その様子が細かく記録されている。

まず「年十余歳《としよさい》ばかり、貌甚《ぼうはなは》だ美《び》なり」とある。これは、尚真王が〝イケメン少年である〟ことが最初に書いてあるってことになる。朝鮮の人にとって、第一印象が美少年ってことだね。続けて「長い髪《かみ》を後ろに垂《た》らす」そして「紅《くれない》の絹《きぬ》の着物を着て馬に乗っている」…。長髪《ちょうはつ》のまま後ろにそよがせ、紅色《べにいろ》のシルクの着物、さっそうと馬を操《あやつ》っている。かっこいい！　まるで漫画《まんが》に出てくる、王子様だ。

さらに「馬を下り、瓶《びん》からお酒を（杯《さかずき》に）盛《も》り、これをわれわれはいただいた。酒を飲《の》み干《ほ》すと少年王は馬に乗り去って行った」んだと。

尚真王、外国の人がいると気づいたんだろうね、ひょいと下りて、自ら酌《しゃく》をするという、今なら小学校6年生の、小《こ》粋《いき》な王様なのでした（笑）。

塾長のシ〜ブン

尚真王のイケメンっぷり、実は、お父さんゆずりって可能性もあるわけ。父である尚円王は、伊是名島に生まれた元農民。各地を転々としながら、役人となり、最終的には王位にまで昇りつめた逸材だ。若い頃、転々としていた理由として、モテモテだったことが伝わる。モテたがゆえに恨みを買い、引っ越しを繰り返したようだよ。

イケメン王㊥

今から500年くらい前、琉球《りゅうきゅう》には美少年の王がいた。尚真王《しょうしんおう》だね。朝鮮《ちょうせん》からやって来た人々《ひとびと》からも、チヤホヤされる、そうだね、韓流的《かんりゅうてき》にもイケメンってことだった。

尚真王は琉球王国の黄金期を築《きず》いたといわれる。人気のある王様だ。尚真王が琉球王国で建造《けんぞう》したものは多い。一つ目は円覚寺《えんかくじ》を首里城《しゅりじょう》の隣《となり》に建築《けんちく》、1495年に完成。当時、琉球で一番大きなお寺だった。ここはただの大きなお寺ではなかった。父　尚《しょう》円王《えんおう》を祭《まつ》るため、それ以後王族のトートーメー（位牌《いはい》）をまつるお寺だったよ。王族《おうぞく》専門《せんもん》のお寺だったんだね。日本の鎌倉《かまくら》の円覚寺をモデルとしていたとされ、七堂伽藍《しちどうがらん》という本格的《ほんかくてき》なお寺の構造《こうぞう》を持っていた。それは、正式な仏教《ぶっきょう》がもつ七つの建造物《けんぞうぶつ》

を備《そな》えていたことになる。七つのうちの一つに〝浴室《よくしつ》〟もあったんだよ。僧侶《そうりょ》が修《しゅ》行《ぎょう》のために身を清める場所として使っていた。蒸《む》し風呂《ぶろ》タイプ、今のサウナみたいなものであったと考えられる。

　続いて歴代の国王のお墓《はか》、玉陵《たまうどぅん》。１５０１年に完成。現在《げんざい》世界遺産《いさん》として登録されている。世界遺産といえば、もう一つ。園比屋武御嶽石門《そのひゃんうたきいしもん》も、尚真王が竹富島《たけとみじま》出身の西塘《にしとう》という天才石工《いしく》に造《つく》らせたもの。

　そして真玉道《まだまみち》も尚真王だね。首里《しゅり》から山下町《やましたちょう》の海まで続く１５２２年に造られた。金城町《きんじょうちょう》の石畳《いしだたみ》や、真玉橋《まだんばし》はその一部なんだよ。そ。あれ全部、首里城につながる道で今でもたどれるんだよ〜。つづく。

イケメン王㊦

イケメンすぎる若《わか》き国王、尚真王《しょうしんおう》のお話。王は建造物《けんぞうぶつ》もたくさん造《つく》らせたけど、制度《せいど》も整えたよ。数ある中でも、各地にいた有力者（按司《あじ》という）を、首里《しゅり》に集め住まわせたことは大きかった。三山《さんざん》時代という琉球《りゅうきゅう》が三つの勢力《せいりょく》に分かれていた戦国時代を経《へ》て、１４２９年に琉球王国は統一《とういつ》されていた。しかし、尚真王がこれをやるまで、いつ反乱《はんらん》が起きても不思議ではない危険《きけん》な状況《じょうきょう》だったんだな。按司と呼《よ》ばれる有力者が各地に点在《てんざい》していて、油断《ゆだん》ができなかったからだ。

その按司らを首里に住まわせ、代わりに地方に按司掟《あじうっち》という、代理の役人を置いた。旧北山系《きゅうほくざんけい》の按司は、首里の北之平《にしのひら》等。旧南山《なんざん》系按司は、同じく、真和志之平《まわしのひら》等。中《ちゅう》山《ざん》系按司は、南風之平《はえのひら》等にお引《ひ》っ越《こ》し。按司掟によって管理された領地《りょうち》からは、お

米・麦などの税《ぜい》が自動的に首里に上がってくるしくみ。これで王府《おうふ》によって全域《ぜんいき》が安定して管理されることとなる。これで戦乱《せんらん》の世《よ》は落ち着いた。
按司らは身分《みぶん》が保証《ほしょう》され、身分に応《おう》じて、ハチマチという被《かぶ》り物《もの》の色や、「ジーファ」とよばれるかんざしの材質《ざいしつ》が決められた。さらに尚真王を補佐《ほさ》する、「世《よ》あすたべ」とよばれる役職《やくしょく》を設《せっ》置《ち》。のちの三司官《さんしかん》という名前になる大臣のクラスだ。彼《かれ》らにも、領地を与《あた》え、利権《りけん》が得られる仕組みをつくり、国の運営《うんえい》に専念《せんねん》できるように整備《せいび》した。一方、日本はこの後、戦国時代になっていくんだよ。

サルもの来るもの㊤

今年はサル年だね（※連載時《れんさいじ》２０１６年）。なので、おさるのお話をば…。首里城《しゅりじょう》ではペットとしてサルを飼《か》っていたことがわかっている。首里城の正殿裏《せいでんうら》を発掘調査《はっくつちょうさ》をしました。御内原《おうちばら》という王族《おうぞく》が住まいとしていた、プライベートの空間がありますが、そこから動物の骨《ほね》やエサ入れが発掘された。犬や鳥…。いろいろでてきた。そしてサルの骨までもが出てきました。２匹《ひき》分の猿《さる》の骨が出土《しゅつど》したんだよ。

となると、きになるのが、琉球《りゅうきゅう》の時代、サルがいたか？　いませんな。今もいませんが、当時もいない。では、そもそも生息《せいそく》しないサル、どこかから連れてこられたということになるね。どっから連れてこられたか？　細かく研究されていて、ヤクシマザルであることが判明《はんめい》した。出土した骨からＤＮＡがとれて、種《しゅ》の判別《はんべつ》をおこ

なったところ、屋久島《やくしま》のおサルってことがわかったんだよ〜！　一時、絶滅寸前《ぜつめつすんぜん》だったんだけど、最近はその数も安定してきたということで、絶滅危惧種《ぜつめつきぐしゅ》からははずされた。というか、最近では民家《みんか》に侵入《しんにゅう》し、人間に迷惑《めいわく》をかけていると、評判《ひょうばん》が悪い（笑）。そんな、ヤクシマザルが首里城で飼われていたということですね。食べるために飼っていたのでは？　イエイエ、骨は削《けず》られていない、つまり解体《かいたい》されていた形跡《けいせき》がないこと。歯のすり減《へ》りが少ないので、自然の堅《かた》いエサは食べていなかっただろうということで、ペットだったのではという結論《けつろん》になったよ〜つづく。

サルもの来るもの㊦

首里城《しゅりじょう》では、わざわざ屋久島《やくしま》からサルを取《と》り寄《よ》せて、ペットとして飼育《しいく》していたということがわかったね。国王や王妃《おうひ》や、女官《にょかん》らがかわいがっていたのだろうね。

ところで、朝鮮半島《ちょうせんはんとう》にはサルが生息《せいそく》していないんだ。理由は気候が寒すぎるかららしい。日本だと青森県にもいるくらいだから、平気な気がするけど、確《たし》かに東南アジアとか暖《あたた》かい地域《ちいき》に、いろいろな種類のサルが生息しているよね。室町《むろまち》時代の朝鮮の古い記録『朝鮮王朝実録《ちょうせんおうちょうじつろく》』によると、日本から「人を使わせ猿《さる》を献《けん》ず」とあって、日本からサルがもたらされたようだ。この時の朝鮮の王は、世宗《せじょん》というハングル文字を作らせた方で、学問大好き。珍《めずら》しいものが好きな王で、動物も好きだったという。

「人を使わせ」とあるけど、使者《ししゃ》は藤原信重《ふじわらのぶしげ》という人。なんとこの人、琉球《りゅうきゅう》との関係もある人で、琉球の使者として、朝鮮王朝とのやりとりに介在《かいざい》している。この藤原さんが言うには「サルを飼《か》うと、馬が病気にならない」ということらしい。これは当時の日本の迷信《めいしん》で、広く信じられていたようだ。馬を川に引《ひ》き込《こ》もうとする妖怪《ようかい》から、サルが助けてあげたという話が日本各地にある。朝鮮にサルを運んだ藤原さんは、琉球人との交流があったのは間違《まちが》いない。もしかすると、この迷信は琉球にも伝わっていて、首里城のペットのサルも藤原さんによって運ばれたのかもしれないね〜。不思議だね。

誰《だれ》んだ?カレンダ?㊤

新しい年を迎《むか》え、諸君《しょくん》の家のカレンダーも新しくなったことだろう。

さて沖縄《おきなわ》では旧暦《きゅうれき》で行事があるから、新暦《しんれき》のカレンダーの下に「旧《きゅう》何月何日」って書かれていることがよくある。昔《むかし》からの暦《こよみ》で、お月様の満ち欠けからつくられたカレンダーだね。1年は地球が太陽の周りを1周する時間だ。朝から夜になり、また朝がやってくる。この繰《く》り返《かえ》しが、大昔《おおむかし》の人にとってはとても不思議だった。夜空に浮《う》かぶお月様も不思議だ。月が膨《ふく》らむように大きくなり、丸い満月になるとまたしぼんでいく。ついに見えない真っ暗な月、つまり新月になると、そこからまた満月に向かって膨らんでいく。いまだと、「それは地球の影《かげ》ですよ」なんてわかるが、とても不思議。晴れの日、雨の日、月の満ち欠けを12回繰《く》り返すと1年。細かいこと言《い》うと、

年によっては13回繰り返すユンヂチ（調整のために入れる月）があるね。
人間がそれを止めたり、変更《へんこう》したりはできない。昔の人はおそらくこの不思議現象《げんしょう》は、神様が動かしているのだろうと考えたわけ。これは、どうすることもできないけれど、何か法則《ほうそく》的に動いているようだ。
この法則をわかりやすくしてあるのが、カレンダーだ。
中国には、カレンダーを作る者が、神様が作り出す不思議を任《まか》された王であるという考え方が出てくる。この考え方は、日本や琉球にも伝わっていくよ。つづく。

誰《だれ》んだ?カレンダ?㊥

前回からカレンダーの話をしている。中国では暦《こよみ》を作るものは、その土地、そして民《たみ》を支配《しはい》する者、つまり王の役割《やくわり》だったね。土地や民だけでなく、時間、季節などを支配する人として、神から選ばれた人という意味があった。日本も、当時別の国であった琉球《りゅうきゅう》（現在《げんざい》の沖縄県《おきなわけん》）も、最初は中国のカレンダーを輸入《ゆにゅう》して使っていたよ。やがて、暦の作り方を研究して、それぞれ独自《どくじ》に作るようになる。

日本の最初のカレンダーは、６９０年に作られたとされている。以後、朝廷《ちょうてい》や幕《ばく》府《ふ》、政府《せいふ》によって作られるものだった。統治《とうち》する者が作るという考え方はずっと引《ひ》き継《つ》がれてきたんだ。なんと戦後の１９４６年まで、カレンダーは勝手に作って売ってはいけないことになっていた。作って売る場合は、許可《きょか》をもらってからでないといけ

ない決まりがあったんだよ。

では琉球はどうだったか？『琉球国由来記《りゅうきゅうこくゆらいき》』という古い書物《しょもつ》には、1465年に王の命令で、明《みん》（現在の中国）から暦（カレンダー）の作り方を学んできたという記述《きじゅつ》がある。当時は尚《しょう》徳王《とくおう》という王様が、琉球を治《おさ》めていた。尚徳王も琉球を統治する者として、自分の名のもとに作ったカレンダーを使ってもらいたかったんだね。ところが、作る技術《ぎじゅつ》はとても難《むずか》しい。計算や、天文学《てんもんがく》の知識《ちしき》が必要になる。何度かの改訂《かいてい》を経《へ》て、1674年ついに完成し、継承《けいしょう》されたんだって。王府《おうふ》には「暦通事《こよみつうじ》」という専門《せんもん》の役職《やくしょく》もあった。

誰《だれ》んだ？カレンダ？㊦

琉球《りゅうきゅう》は、１４６５年にカレンダーを作る技術《ぎじゅつ》を現在《げんざい》の中国に学び、改訂《かいてい》を加えながら作っていったってのが、前回までのお話。ではそれ以前、琉球にカレンダーはなかったのだろうか？

１３８０年、尚巴志《しょうはし》によって琉球が統一《とういつ》されるもっと前、北山《ほくざん》・中山《ちゅうざん》・南山《なんざん》と三つの権力《けんりょく》に分かれていた時代。中山王《ちゅうざんおう》の察度《さっと》に明《みん》（今の中国）の皇帝《こうてい》から、カレンダーがプレゼントされている。中国の古い記録『明実録《みんじつろく》』に書かれた、最も古い記録だ。大統暦《たいとうれき》というカレンダー。とても優《すぐ》れたもので、すでに1年が３６５日として計算されていて、数百年も使われ続けた。琉球から遅《おく》れること２００年後、大統暦は、日本でも採用《さいよう》されたよ。

では、琉球・沖縄で一番古いカレンダーは大統暦か？　イエイエ、さらにもっと前

から、暦《こよみ》を知っていただろう。

察度は浦添《うらそえ》グスクに住んでいたけど、それよりも前と考えられるモノが発掘調査《はっくつちょうさ》で見つかった！

瓦《かわら》だ。浦添グスクから見つかった瓦には、「癸《みずのと》酉《とり》高麗《こうらい》瓦匠《かわらたくみ》造《つくる》」とスタンプされていた。「高麗《こうらい》」とは今の韓国《かんこく》・北朝鮮《きたちょうせん》のこと。そこの「瓦匠《かわらたくみ》」つまり瓦職人《しょくにん》が「造《つく》った」ようだね。その年が「癸酉《みずのととり》」。これは干支《えと》。今でもカレンダーで使われているよね。

諸説《しょせつ》あるが、「癸酉＝１２７３年」説が有力。これは明の皇帝からプレゼントされる１００年以上も前の話。この時代にすでにカレンダーが？　歴史ミステリーだね。

沖縄《おきなわ》に来る前に

ザックリ2月あたりになると、中国や台湾《たいわん》から沖縄に観光でやって来る人が増える。とりわけ、旧暦《きゅうれき》のお正月あたりは沖縄だけでなく世界の観光地もにぎわう。旧暦のお正月のことを、中国・台湾では「春節《しゅんせつ》」といって、もっともにぎやかな伝統的な日なんだ。2週間ほどお正月休みになるところもあるという。最近は、春節を利用して海外旅行する人が増《ふ》えている。近年、沖縄にもたくさんの中国人や台湾人の観光客がやって来る。

春節で旅行に行く前に、これらの国の人がやっている行事がある。カマド神《がみ》を送り出すもの。12月23日あるいは、24日にやる行事で、2000年以上の歴史があるそうだ。それは、カマドの神様を送り出す行事。この日に天に昇《のぼ》り、その家の人々の行《おこな》いを天帝《てんてい》（最もえらい神様）に報告《ほうこく》するため。悪い行いの報告があれば、天帝は、その

人の寿命《じゅみょう》を縮《ちぢ》めるそうだ。あれ？　コレってもしかして…、そうだ。沖縄にもあるね。旧暦12月24日の「ウガンブトゥチ」と同じだね。

うん。沖縄では火《ひ》ぬ神《かん》。台所にまつられてある神様だ。火ぬ神を信じること、ウガンブトゥチも琉球《りゅうきゅう》王国時代に中国から入ってきたものと考えられている。この行事で、中国では粘《ねば》りの強いあめをお供《そな》えする。これは口元をムッチャイクヮッタイ（べとべと）させて、口が開かず、カマド神が報告できないようにするという意味があるのだ！　沖縄も「良いことだけ報告してください」と祈《いの》るのは同じ考え方から。

琉球《りゅうきゅう》バレンタイン

2月14日はバレンタインデーだね。由来《ゆらい》は、いろいろあるようだ。よくいわれているのは、およそ700年前のローマ帝国起源説《ていこくきげんせつ》。ローマ皇帝《こうてい》によって兵士は結婚《けっこん》してはいけないとされていた。愛する人がいると、士気《しき》が下がるという理由だ。ところが、キリスト教の司祭《しさい》だったバレンタインさんが、これに反対。ひそかに、兵士たちの結婚式《けっこんしき》を挙《あ》げさせていた。これを罪《つみ》に問われて処刑《しょけい》されてしまったという。あとになって、司祭をたたえようと、恋人《こいびと》たちの日となったのが一般的《いっぱんてき》にいわれていることだね。日本では、女性《じょせい》から好きな男性《だんせい》へチョコレートを贈《おく》る日となっているね。

沖縄《おきなわ》では、女性から愛する男性に贈るものとして、昔《むかし》からティーサージがいいとされてるよ。ティーサージとは手ぬぐいのことだね。どうして手ぬぐいがいいのか？沖縄では、琉球《りゅうきゅう》王国時代から、オナリ神《がみ》といって、女性は神様に近い存在《そんざい》とされ、男性を守る存在と信じられてきた。男性は外に出て漁をしたり、それこそ戦いになるときもある。つまり命の危険《きけん》にさらされる。女性は、神に男性を守ってくれるように祈《いの》る。そしてセジ（シジともいう）という不思議な力を使って男性を守るんだ。セジは女性しか使えない不思議な力だ。セジがのりやすいのが、ティーサージといわれる。男性が出かける際《さい》、安全を祈願《きがん》して、セジづけをされたティーサージをプレゼントするってわけだ。愛は強いね。

塾長のシ〜ブン

セジってのは目には見えないパワーで、琉球の時代には、もちろん「ある！」と信じられていたわけ。どこにでもあるものだけど、御嶽などの聖域にたまっている。本文にあるように、セジを集めていろいろ活用できるのだけれど、それは女性しかできない。男性はもらうことしかできないわけ。男性は御嶽に入ることさえ禁じられていた。

解明《かいめい》しゅたいんです

先日、重力波《じゅうりょくは》が観察された。天才科学者アインシュタイン博士が、ウンと考えた結果、「重力波というものが、あるはずよ〜。でも、これを観察することはとても難《むずか》しいはずよ〜」と100年も前に論文《ろんぶん》で発表していた。重力波は重力による波。海の波みたいなもの。でも宇宙《うちゅう》空間には海水がない。波が起きるのは空間と時間。時間と空間が波のようにビヨンビヨンってなるのが観察されたわけだ。

観察された重力波は、今から13億《おくねん》年も昔《むかし》の重力波。二つの超巨大《ちょうきょだい》ブラックホールが衝突《しょうとつ》した時のビヨンビヨンで、これが観測《かんそく》されたってわけ。超巨大なブラックホールの衝突で、ようやく、観測されるくらいだから、これをとらえるのは不可能《ふかのう》と、アインシュタイン博士は考えていたわけね。観測装置《かんそくそうち》の技術《ぎじゅつ》が向上して、精度《せいど》があ

がって、わずかな重力波をとらえることができたんだ。おそらくノーベル賞がもらえるだろう。なぜなら、重力波をとらえることができることで、今後いろいろなことがわかってくるはずだから。

たとえば地球の歴史とか、宇宙の歴史ももっとわかってくるだろう。歴史はなにも本に書いてあることだけじゃないぞ。理科の分野でもできるんだ。どうやって物質《ぶっしつ》ができたのか。あるいは空間や時間ができたのかもわかるかもね。この先を研究するのは、諸君《しょくん》らだ。宇宙の歴史を解明《かいめい》できる、第2のアインシュタイン博士が沖縄から出るといいな。

琉《りゅう》の龍《りゅう》①

最近、那覇市若狭《なはしわかさ》に「龍柱《りゅうちゅう》」という高さ15メートルもあるオブジェが誕生《たんじょう》した。沖縄は製作費《せいさくひ》にお金がかかりすぎとか批判《ひはん》もあったけど、観光の目玉にということだ。沖縄は琉球《りゅうきゅう》といわれた時代から、龍《りゅう》を守り神としておかれる。首里城正殿《しゅりじょうせいでん》にも、いたるところに龍が飾《かざ》られているよね。

龍は中国の神話上の存在《そんざい》だね。麒麟《きりん》や鳳凰《ほうおう》とならび神獣《しんじゅう》といわれていて、神様に仕《つか》える神秘的《しんぴてき》な動物と信じられてきた。そして龍のうろこは81あるといわれている。そのうち下あごのうろこだけは逆《さか》さになっている。龍は、元来《がんらい》人間に危害《きがい》を与《あた》えることはないが、喉元《のどもと》のうろこに触《ふ》れられると、急に怒《いか》りだすんだって。それだけでなくて、触れた人は必ず殺されるという。怖《こわ》い！　このことから「逆鱗《げきりん》に触《ふ》れる」という

言葉が生まれたんだよ。「逆鱗」は触れてはならないものを表現《ひょうげん》する言葉となり、帝王《ていおう》（主君《しゅくん》）の激怒《げきど》を呼《よ》ぶような行為《こうい》を指して、「逆鱗に触れる」と比喩《ひゆ》表現された。今では人が気にしている事に触れて怒《おこ》らせてしまうことという意味になった。

「首里城には33の龍がすんでいる」といわれる。先日数えてみたら本当に33いたよ。そのついでに、あごの下の「逆鱗」を探《さが》してみたけど、どの龍もそれらしきものはなかったね。もしかすると、逆鱗ってのは、かくれて見えないのかもね～。あ、もちろん見つけてもふれる勇気はないけどね（笑）。

琉《りゅう》の龍《りゅう》②

琉球《りゅうきゅう》の最も古い時代に書かれた歴史書に『中山世鑑《ちゅうざんせいかん》』がある。その書物《しょもつ》には、琉球王国の国づくり神話が、次のように書かれている。天神《てんじん》アマミクが、琉球の国土《こくど》を作った。続いて人を作り、五穀《ごこく》を植えた。しばらくは、そこは水に土地が浮《う》かんでいる感じだったので、名前がなかった。数万年後に隋《ずい》（現在《げんざい》の中国）の王が使者《ししゃ》を送った時、その土地は、うねうねと水中に浮かぶ「虬《みずち》」のようだったと。なのでその虬土地を「流虬《りゅうきゅう》」と名付けたという。

虬とは、蛇《へび》に似《に》て胴体《どうたい》が長い。角《つの》と４本の脚《あし》を持ち水の中に住んでいる。毒を持っていて人を倒《たお》すこともあるという。一方では水の神様で天候を左右する力があるとされる。のちに龍《りゅう》になる聖獣《せいじゅう》なのだそうだ。想像《そうぞう》しにくいので、ヒトッチ今週の挿絵《さしえ》

にしてみたよ。まるで龍だね。そうなんだ。そう言われてみたら、確《たし》かに沖縄本島は虬が横たわっているようにも見えるから不思議だよね。

現存《げんぞん》する琉球の一番古い記録では『隋書《ずいしょ》』の巻《かん》八十一に「流求《りゅうきゅう》」という記録ででてくる。まさに「中山世鑑」が作られた時代のモノだから、隋では「流求」と記述《きじゅつ》されていたのではあるまいか…。

いずれにしても、『中山世鑑』では琉球列島を龍の子供《こども》のようなものとみていたようだ。龍は王の象徴《しょうちょう》。中国皇帝《こうてい》も龍があしらわれたものを身に着けている。中国から見ると、「流求」は龍の子供。つまり琉球は「虬」にも見えたのかもね。

琉《りゅう》の龍《りゅう》③

沖縄《おきなわ》には「うりづん」という言葉があるよね。うりづんとは雨が「潤《うるお》い浸《し》みいる」という意味なんだ。2月頃《ごろ》にシトシト降《ふ》った雨が、大地に浸みこみ、琉球石灰岩《りゅうきゅうせっかいがん》の台地に潤いを与《あた》える。気温が上がってくるこの季節に、若葉《わかば》や花々《はなばな》が咲《さ》き誇《ほこ》り、生命力であふれ生き生きとした季節。暑くもない、寒くもない、一年を通して沖縄で一番いい季節といわれている。しばらくすると、梅雨《つゆ》がやってくるけどね（笑）。

沖縄の季節とお天気と関係、昔《むかし》の人は天に関係がある、つまりお天気は神様が決めているとかんがえていた。その象徴《しょうちょう》が龍《りゅう》なんだ。天の神に仕《つか》える聖《せい》なる動物の龍。やがて、龍は王様の象徴となる。琉球《りゅうきゅう》の王様がいる首里城《しゅりじょう》には、龍のデザインがたくさんあるね。これは琉球の王様を讃《たた》える意味もある。そして王様が支配《しはい》する、時間、

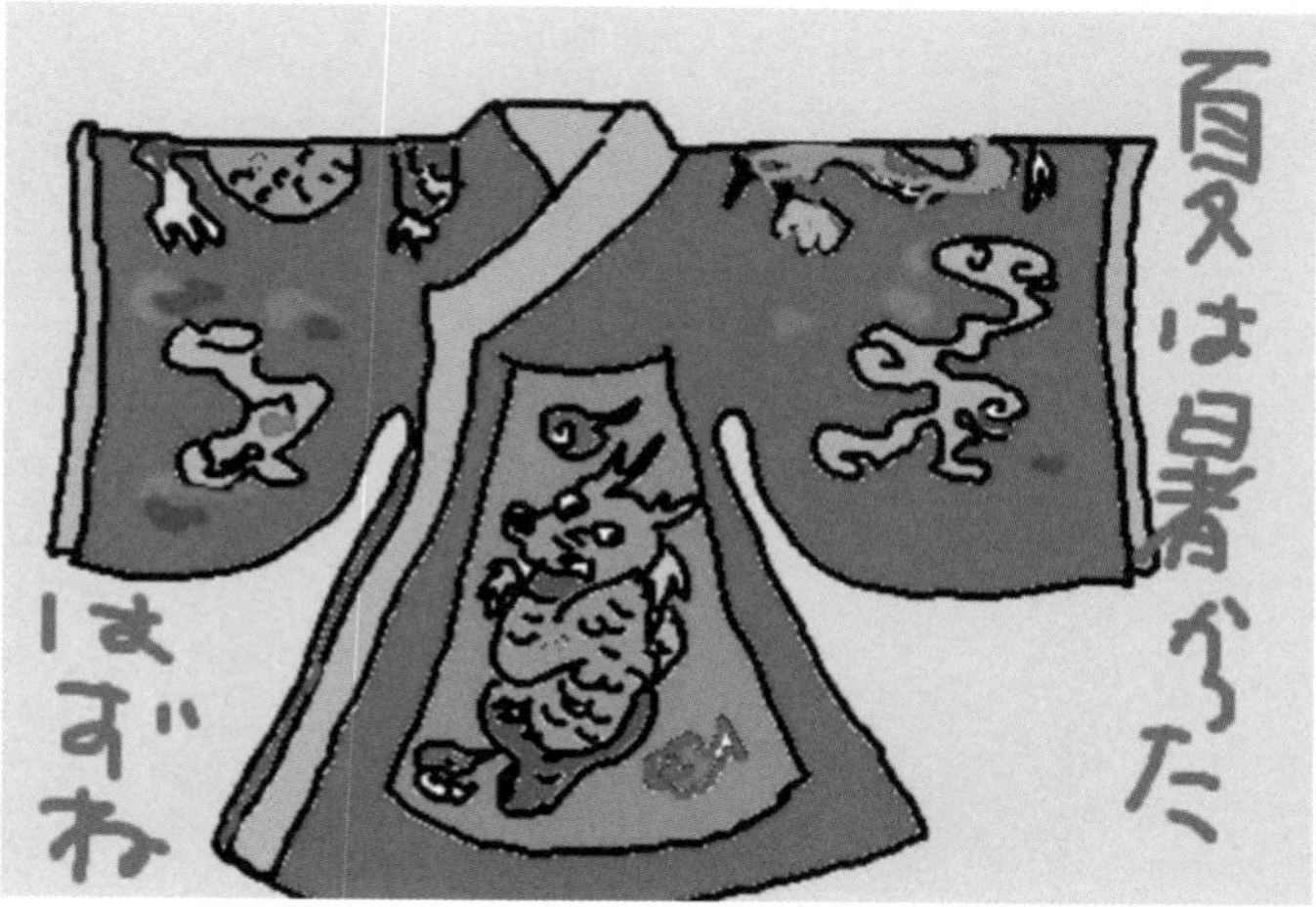

空間に、一般《いっぱん》の人は暮《く》らしていることを意味している。

建物だけじゃないよ。琉球の王様が、お正月の儀式《ぎしき》の時に着用する、「皮弁服《ひべんふく》」と呼《よ》ばれる衣装《いしょう》があるけど、これにも龍のデザインがあるんだ。服の真ん中、両腕《りょううで》、そして背中《せなか》まで、ドガーンと龍がはりついていて、ものすごい迫力《はくりょく》なんだよ。大きく袖《そで》が広がった形をしていて、中国の時《じ》代劇《だいげき》のようだ。

それもそのはず、皮弁服は王冠《おうかん》とセットで中国の皇帝《こうてい》からプレゼントされていた。時代がくだると布《ぬの》だけが贈《おく》られて、自前で仕立《した》てるようになるんだよ。

琉《りゅう》の龍《りゅう》④

龍《りゅう》はいるよ。だってヒトッチよく目撃《もくげき》しているから。塾長《じゅくちょう》は琉球《りゅうきゅう》が好き過《す》ぎておかしくなったって？　本当にいるよ。んで誰《だれ》でも龍に会える場所があるんだ。諸君《しょくん》だけにコッソリ教えてあげよう。

那覇《なは》の泉崎《いずみざき》交差点、そこに陸橋《りっきょう》があるから登ってみよう。上から眺《なが》めると、下に久米大通《くめおおどお》りと、西消防署《にししょうぼうしょ》通りがV字につながる部分がある。逆《ぎゃく》三角形の道路側の植《う》え込《こ》みがあるでしょ…。これがなんと龍の頭なんだ。よく見ると、松の木が2本、これが龍の角《つの》。その前に大きな石が二つ、これが龍の目なんだよ。そして久米大通りが龍の体になる。ここは昔からこうだった。このあたりは久米村《くにんだ》といって、沖縄が琉球と呼《よ》ばれた時代から中国人を先祖《せんぞ》に持つ人たちが住んでいて、チャイナタウンをつく

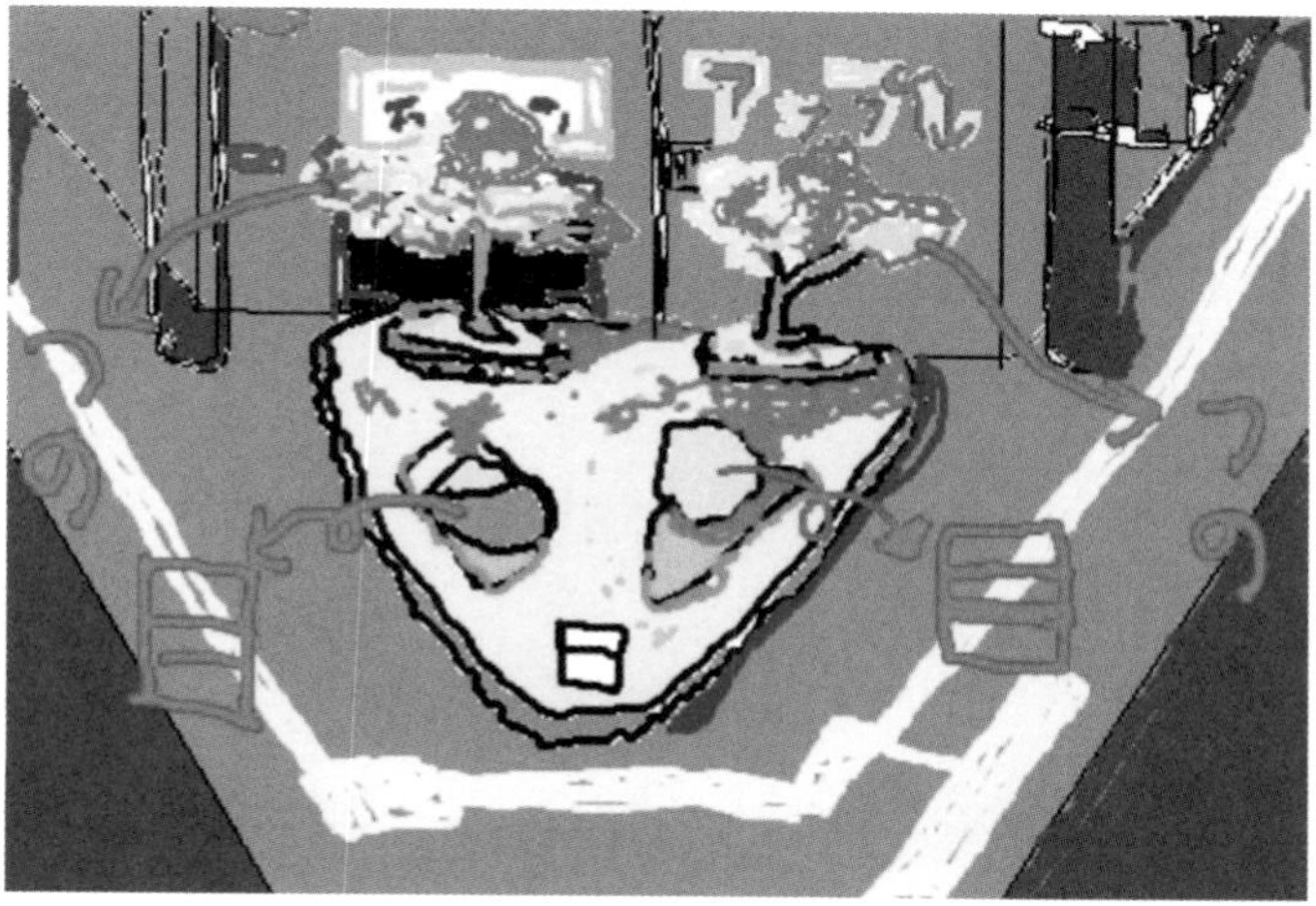

っていた。彼《かれ》らは龍が好き。風水《ふうすい》という中国の考え方では龍脈《りゅうみゃく》といって龍の体は、不思議なパワー〝気《き》〟が通ると考えていた。久米大通りを龍脈とみなしていたんだね。昔《むかし》は、龍頭《りゅうとう》に当たる場所に久米大門《くめうふじょう》といって、首里城《しゅりじょう》にある守礼門《しゅれいもん》のようなものがあって、通りの向こうのシッポにあたる部分に西武門《にしんじょう》という門があった。病院や交番の名前で残っているね。二つの門で挟《はさ》まれた通りが龍の体だ。そして植え込みは龍の頭なんだよ。
だからここに行けばいつでも龍に会えるってことだ。龍がいれば龍の玉、ドラゴンボールもあるよ。あ、もう書けないので続きは来週ね〜！

琉《りゅう》の龍《りゅう》⑤

龍《りゅう》、見に行った？（笑）前回、泉崎《いずみざき》交差点に龍がいますよ～って話をしたね。龍は玉をもっている。そう、ドラゴンボールだ。今回はそのお話。

ところで龍は、世界中で知られる聖獣《せいじゅう》だけど、球を持っているのは主にアジアの龍だ。というのも、龍の球はナーガと呼《よ》ばれるインドの龍に由来《ゆらい》するらしい。ドラゴンボールは「如意宝珠《にょいほうじゅ》」といって、「意《い》の如《ごと》く（願いがかなう）宝《たから》の珠《たま》」という意味なんだよ。仏像《ぶつぞう》、たとえばお地蔵《じぞう》さんや観音《かんのん》様も持っていたりする。ちなみに如意宝珠は、古いインドの言葉で「チンターマニ」という。「チンター＝思うこと」「マニ＝珠」という意味だ。願いがかなうチンターマニ…いや、ただ言いたかっただけ（笑）。

さて、前回話した泉崎の龍に話を戻《もど》したい。あの龍もチンター…いや、ドラゴンボールを持っているんだよ。場所は那覇《なは》バスターミナル。高さ6メートルある大きな球のような岩があるんだ。泉崎の龍との位置関係でいうと、コレが如意宝珠、「仲島《なかじま》の大石《うふいし》」とよばれるもの。王国時代は海に浮《う》かぶ岩だった。１８５５年のアメリカの新聞にも、挿絵《さしえ》付きで掲載《けいさい》されている岩なんだ。そこでは海に浮かんでいる様子がわかる。今でも、鳥居《とりい》やしめ縄《なわ》が設置《せっち》されていて、願いがかなう場所なんだよ。そして沖縄県《おきなわけん》の史跡《しせき》であり、天然記念物としての指定もあるから、みんなで大切にしたい岩なんだよ。

塾長のシ～ブン

挿絵が古いね（笑）。バスターミナルはリニューアルされた。でもドラゴンボールはちゃ～んと同じ場所に残してあるよ。モノレール旭橋駅からバスターミナルビルへ行く途中に見える。ビルの上に沖縄県立図書館も引っ越してきたし便利。岩にまつわる解説が詳しく書かれた案内板もあるし、お参りしてお願い事もしてみよう。

琉《りゅう》の龍《りゅう》⑥

今回も龍《りゅう》のお話。首里《しゅり》城《じょう》正殿《せいでん》にはたくさんの龍がいたり、琉球《りゅうきゅう》の国王も着物は、龍の模様《もよう》が入っていた。これらは中国文化の影響《えいきょう》を受けている。龍は、想像上《そうぞうじょう》の生き物とされる。そのモデルとなったといわれる生き物がいるんだ。一番有力《ゆうりょく》視《し》されているのが、ワニだ。

中国にワニいるの？　いるよ。まずはヨウスコウアリゲーター。中国固有種《こゆうしゅ》だ。このワニはおとなしいワニ。中国大陸の南の方の大きな川、揚子江《ようすこう》下流に生息《せいそく》している。最近は数が減少《げんしょう》しているが、戦前まで割《わり》と普通《ふつう》に目撃《もくげき》されていたという。

もうひとつ、モデルになった可能性《かのうせい》があるのが、イリエワニ。こいつは、人食《ひとく》いワニともいわれる凶暴《きょうぼう》なヤツ。インドから東南アジアにかけて広く生息していて、川

や海岸近くに住むが、時に海を渡《わた》ることもあるワニだ。オーストラリアまで分布《ぶんぷ》していて、海を渡ったといわれるから、中国にも出現《しゅつげん》してもおかしくない。このワニ、なんと西表島《いりおもてじま》で目撃された記録もある。沖縄《おきなわ》最長の川、秘境《ひきょう》！　浦内川《うらうちがわ》だ。現在《げんざい》観光地になっているマリュウドの滝《たき》らへんに少し生息していたらしい。

また幕末《ばくまつ》の『琉球雑話《りゅうきゅうざつわ》』という本には、奄美《あまみ》大島《おおしま》でも目撃された記録がある。なんと味まで書いてある。「ウミガメの味に似《に》たり」…どんな味よ！　かえってわからないよね（笑）。このワニ、八丈島《はちじょうじま》でも目撃がある。中国だけでなく、アジア全体で目撃がある。やはり龍はワニ？

琉《りゅう》の龍《りゅう》⑦

龍《りゅう》は王のシンボルで、権力《けんりょく》の象徴《しょうちょう》であったので、琉球《りゅうきゅう》の国王も、中国皇帝《こうてい》も好《この》んで龍のデザインをいろいろな場所に施《ほどこ》していた。琉球が、今の中国と「冊封《さっぽう》」という外交関係を結んだ頃《ころ》（１３００年代後半）に書かれた「升庵外集《しょうあんがいしゅう》」という書物《しょもつ》がある。それによると、龍には九つの子どもがいるという。これらは「龍の形をなさないが、それぞれに好むところ（役にたつところ）あり」なんだって。なんとこの龍の子どもたち、一部だけど、今の沖縄《おきなわ》でも見ることができる。

その中の一つ、「椒図《しょうず》」というやつは、「形が大ガエル、ないしタニシに似《に》て、閉《と》じることを好む。それゆえ、門《もん》の舗《ほ？》（ドアノッカー）に役立つ」らしい。ヒトッチ

この椒図をみつけたんだよ。場所は福州園《ふくしゅうえん》という那覇市久米《なはしくめ》にある中国庭園。そこにはいくつか門があって、垂花門《すいかもん》（別名：久米《くめ》村門《むらもん》）という門があるんだけどね。ここのドアノッカーが、椒図！ 挿絵《さしえ》がそれ。

次が「蒲牢《ほろう》」。「形は龍に似て、ほえることを好む。それゆえ、鐘《かね》の上の紐《ちゅう》（つり下げる部分）となる」んだと。確《たし》かに、お寺にあるような釣《つ》り鐘《がね》のてっぺんは、そんなのがついているね。

最後が「蚣蝮《はか》」こいつは「形は魚に似ており、水をはなはだしく好む。そのため建物の上に立てる」とある。これは、日本のお城、天守閣《てんしゅかく》の一番上にいるシャチホコだ。水の神様となって火事を防《ふせ》ぐと考えられたからだ。

バツのある言葉

諸君《しょくん》らは「ウチナーグチ」を話せるだろうか？　ハイサイ（女子はハイタイ）くらいはわかるだろうけど(笑)。最近、ウチナーグチを使える人が少なくなってきていて、消滅《しょうめつ》の危機《きき》がさけばれている。なぜそこまでウチナーグチは減《へ》ってきたのか。実はこれにも歴史的な背景《はいけい》があるんだよね。

かつて日本ではない時代があった沖縄《おきなわ》。琉球《りゅうきゅう》と呼《よ》ばれる時代から使われてきたウチナーグチ。1879年、長い歴史を持つ琉球王国が消滅。日本の沖縄県になる。もちろん制度《せいど》も変わるが、急に日本式に変えると、混乱《こんらん》するからと、徐々《じょじょ》に変えようと中央政府《せいふ》（明治政府）は考えた。これを「旧慣温存《きゅうかんおんぞん》」という。

つぎ方言を
使う子を
見つけるまで
さげとくのよ
方言札

一方、急激《きゅうげき》に変えようとした分野もあった。学校教育だ。「学校では標準語《ひょうじゅんご》を使おう」ということを徹底《てってい》していく。他の県と違《ちが》って、極端《きょくたん》に言葉が違うから、沖縄の子供《こども》たちは、学校で第二外国語を覚えることくらい大変だった。言葉が変わることは、新しい制度や文化になれることでもあるけど、裏《うら》を返すと地域《ちいき》の文化も薄《うす》れていくことにつながる。ウチナーグチを使った者には「方言札《ほうげんふだ》」というひもが付いた札を首から下げるというバツを作り、学校では日本の言葉=標準語を徹底していく。当然、反発も出て問題にもなった。戦争をはさんで、戦後もこの動きはあった。ウチナーグチが消えていったのは、使わないようにしていた時代があったからなんだ。

シマなになに

王国時代の「シマ」という言葉は、村という意味を持っていて、今でいう字名《あざめい》を意味している。今でも使う人がいるというのがすごいね。

例えば「シマやまーやが（地元はどこ）？」と聞かれれば、「安里《あさと》やいび～ん」とか答えるわけね。

あと物の名前に「シマ」をつけることがあるよね。「シマ酒」「シマぞうり」など。この場合、独自《どくじ》のもの、あるいは沖縄在来《おきなわざいらい》のものを、外来《がいらい》（沖縄以外からやって来た）ものと区別して呼《よ》ぶ時に「シマ〇〇」と呼んできた。「シマ」と対《つい》になる言葉として「ヤマト」あるいは中国からやってきたものを「唐《トゥー》」とつけた。日本から持ってきたお米は「ヤマトグミ」、中国から持ってきた粘《ねば》り気のないパサパサしたコメは「トゥーグミ」

とよんでいたよ。普通《ふつう》は「クミ（米）」だけど、沖縄のものであることを強調して言う場合は、「シマグミ」と表現《ひょうげん》するってわけ。

また、王国時代、西洋からやってきたものは、「ウランダー（オランダ）〇〇」といっていた。本島北部に「ウランダー墓《ばか》」という王国時代のお墓《はか》があるけど、ここで眠《ねむ》っているのは、ホントはフランス人なんだ（笑）。これが、戦後になると「アメリカー〇〇」になるね。「アメリカー洗剤《せんざい》」「アメリカー冷蔵庫《れいぞうこ》」ってね（笑）。

時代とともに変化するのが沖縄の言葉だけど、「シマ」という言葉、「シマくとぅば」はずっとあってほしいよね。

【暦《こよみ》・行事】

【食べ物・飲み物】

【場所】

歴男塾でとりあげた人・場所・行事・食べ物

それぞれ五十音順に並んでいます。〇のなかの数字は巻数、その次の数字はページ数です。もう一度読み返してみて、気になったら調べたり行ったりしてほしい。

【人】

【著者紹介】

賀数仁然（かかず　ひとさ）

1969年那覇市生まれ。早稲田大学大学院人間科学研究科修了（生命科学専攻）。琉球沖縄の歴史文化を軸に、歴史エンターテイメントを様々な場所で発信中。

YouTube版「さきがけ！歴男塾」も大好評！　下のＱＲコードからジャンプしてみて。ヒトッチ塾長のお話も楽しめるよ～面白かったらチャンネル登録よろしくお願いします。

さきがけ歴男塾のＱＲコード

さきがけ！歴男塾《レキオ》

③ トキメキとぅんたっちーの巻

2021年4月26日初版第1刷発行

著者／賀数仁然

発行者　武富和彦
発行所　株式会社　沖縄タイムス社
〒900-8678　沖縄県那覇市久茂地２－２－２
電話　098-860-3000（代表）

印刷所　株式会社　東洋企画印刷

カバーデザイン／黒川真也（アイデアにんべん）

Printed in Japan　ISBN978-4-87127-282-7